7번 읽기 공부법

TODAI SHUSEKI BENGOSHI GA OSHIERU CHOSOKU
"7-KAIYOMI" BENKYO-HOU

Copyright ⓒMayu Yamaguchi 2014
All rights reserved.
Original Japanese edition published by PHP Institute, Inc.
Korean edition published by arrangement with PHP Institute, Inc., Tokyo
in care of BC Agency, Seoul.

이 책의 한국어판 저작권은 BC 에이전시를 통한 저작권자와의 독점 계약으로
㈜위즈덤하우스에 있습니다.
저작권법에 의해 한국 내에서 보호를 받는 저작물이므로 무단전재와 무단복제를 금합니다.

책 한 권이 머릿속에 통째로 복사되는

7번 읽기 공부법

야마구치 마유 지음 | 류두진 옮김

위즈덤하우스

| 프롤로그 |

누구나 읽기만으로도
'공부의 신'이 된다

"마유 씨는 도쿄대를 수석으로 졸업했어요."

나를 소개하는 단골 멘트이다. 그렇게 소개를 받을 때마다 항상 마음 한구석이 살짝 동요한다. 도쿄대를 졸업한 지 8년이나 지났기 때문이다.

지난 8년 동안 나는 재무성財務省을 거쳐 현재는 변호사로 활동하고 있다. 필사적으로 노력했고 지금도 물론 열심히 정진 중이다. 그런데 아직까지도 사람들은 나를 설명하는 첫 번째 키워드로 재무 관료나 변호사가 아닌 '도쿄대 수석'을 꼽는다. 8년 전의 나에게 약간의 패배감을 느끼면서 현재의 나는 스스로에게 100퍼센트 만족할 수 없다는 사실을 실감한다.

현재의 자신에게 100퍼센트 만족할 수 없는 것은 많은 사람들도 공감할 만한 감정이다. 사실 자신에게 완전히 만족하지 못하는 감정은 무엇보다 소중한 자산이다. 자신 안에 똘똘 뭉쳐진 '향상심'이 존재한다는 뜻이기 때문이다.

당신이 이 책을 집어 든 이유는 현재의 자신이 완전히 만족스럽지 못해서가 아닐까? 다시 말해 당신 안에는 이미 향상심이 자리 잡고 있을 것이다. 향상심만큼은 결코 배워서 얻을 수 없다는 것이 내 지론이다. 따라서 향상심을 지녔다면 어떤 축복받은 재능보다 뛰어난 자질을 갖춘 셈이다.

만약 이 향상심에 올바른 방법론을 결합한다면 어떻게 될까? 내면에 있던 향상심이라는 에너지는 폭발적인 추진력으로 바뀌면서 당신을 앞으로 나아가게 해줄 것이다.

여기서 말하는 방법론이 바로 '공부법'이다. 공부라는 힘이 단지 시험에서 좋은 성적만을 안겨준다고 생각하지 않았으면 한다. 공부란 오늘 불가능했던 일을 내일은 가능하게 만들어주는 힘이다. 현재의 자신을 뛰어넘어 미래의 자신에게 꿈을 심어주기 위한 힘이다.

나는 남들보다 두뇌 회전이 월등히 빠르거나 발상이 뛰어나지 않았다. 오히려 양쪽 모두 평범하기 그지없었지만, 공부라는 힘만을 믿고 여기까지 올 수 있었다.

남들에 비해 특별한 것이 없던 나는, '공부'를 통해 꿈을 이루어나갔다. 여기에 결정적인 역할을 한 '7번 읽기 공부법'은 내 공부의 왕도이자 신념이기도 하다. 과외나 학원 없이 온전히 혼자의 힘으로 각종 시험에 합격할 수 있었던 비결도, 나에게 딱 맞는 읽기 공부법을 체계화했기 때문이다. 그리고 이 공부법은 나처럼 머리가 좋지 않은 그 누구라도 쉽게 해볼 수 있는 방법임이 분명하다.

우리가 접하는 거의 모든 학습은 읽기를 통해 이루어진다. 그러므로 공부를 통해 원하는 결과를 내고자 한다면 올바르고 효율적인 읽기 방법을 익히는 것은 필수다. 읽는다는 것은 단순한 행위에 그치는 것이 아니라 복합적이고 추상적인 사고의 과정이다. 이는 뇌의 많은 부위를 자극시켜 활발한 대뇌 활동을 하도록 만들며, 반복해서 읽는 훈련을 하면 이러한 활동을 더 강화시킬 수 있다.

공부를 잘하기 위해서는 빠른 시간 내에 필요한 지식을 머릿속에 빠짐없이 채워넣는 것이 관건이다. 그동안 내가 체득해온 7번 읽기 공부법은 이러한 공부의 원리에 딱 맞는 효율적인 학습법이며, 동시에 공부를 지속할 수 있는 자신감이라는 무기를 심어준다.

사회인이 된 지금도 나는 여전히 공부 중이다. 성장하고 있다는 뜻이기도 하다. 이렇게 생각하면 자신에 대한 완전한 만족은 평생 절대로 하고 싶지 않다. 공부 중인 나, 앞을 향해 달려가고 때로는 벽에 부딪혀 의기소침한 나의 이러한 모습들이 스스로에게 완전히 만족했을 때보다 훨씬 더 빛나 보이기 때문이다.

이제 8년 전의 나에게 느꼈던 작은 위압감은 모습을 감추고 내 안의 강력한 공부의 힘으로 충만함을 느낀다. 나는 이 책에서 '공부의 힘에 대한 모든 것'을 끝까지 적어 내려갔다. 앞으로 구체적인 노하우를 다루겠지만, 공부라는 힘을 어떻게 찾아내어 구사해왔는지는 내 인생과도 맞닿아 있는 문제이기 때문이다.

이 책을 끝까지 읽을 때쯤에는 현재의 자신에게 만족하지 못했던 당신 스스로가, 공부의 힘을 통해 한없이 성장할 수 있는 가능성 그 자체라는 사실을 실감하기 바란다.

| 차례 |

프롤로그 누구나 읽기만으로도 '공부의 신'이 된다 … 004

1장 좋은 머리보다 **공부 전략**이 우선이다

01 머리 좋은 사람의 비결은 공부법에 달려 있다 … 015
02 공부는 목표가 아닌 철저한 수단이다 … 020
03 '할 수 있다'고 믿는 것도 실력이다 … 026
04 공부에 도움이 되는 자신감은 따로 있다 … 031
05 무엇보다 자신을 파악하는 것이 최우선 … 038
06 '공부의 때'를 놓친 성인들도 가능한 전략적 공부법 … 045

2장 누구나 할 수 있는 '7번 읽기 공부법'

- 07 도쿄대 수석의 비결, 무조건 7번 읽기! … 053
- 08 통째로 복사되는 궁극의 독서법, 7번 읽기 원리 … 058
- 09 과목에 따른 효율적 공부법 … 063
- 10 7번 읽기 공부법을 위한 완벽한 교재 … 068
- 11 예상 문제를 찍을 필요가 없는 7번 읽기 … 073
- 12 읽기 단계별로 알아야 할 핵심 포인트 … 077
- 13 '쓰기 공부법'을 추가하면 몸이 기억한다 … 083
- 14 자문자답을 반복하면서 뇌에 각인시키자 … 088

3장 7번 읽기 공부법을 위한 마인드 컨트롤

- 15 지금 당장 책상 앞에 앉는 것부터 시작하라 … 095
- 16 계획은 세밀하게 세울수록 마이너스다 … 099
- 17 '자신과의 약속'을 깨뜨리지 않는 기술 … 104
- 18 집중력이 떨어져도 계속 공부할 수 있는 비법 … 109
- 19 약한 것부터 해치우는 것이 전략이다 … 114
- 20 목표가 분명할수록 공부 의지가 확고해진다 … 116

4장 합격의 신으로 만들어준 7번 읽기 공부법

21 공부는 '나를 위해 하는 것'이라는 깨달음 … 123
22 하루 4시간 공부로 전국 모의고사 1등을 차지하다 … 130
23 열다섯 살에 도쿄로 상경, 더 절실하게 공부하다 … 136
24 온전히 독학으로 도쿄대 합격! 맹렬한 공부의 비밀 … 142
25 도쿄대에서 터득한 새로운 공부법 그리고 향상심 … 147
26 대학교 3학년 때 사법시험에 합격한 비결 … 155
27 절박감에 사로잡혀 하루 19시간 공부에 매진하다 … 163
28 공부가 인생의 전부는 아니다 … 169
29 효율적인 노력으로 원하는 결과를 얻다 … 174

5장 사회에서도 통하는 7번 읽기 공부법

30 약점은 재빨리 강점으로 막는다 … 183
31 협상과 설득에도 반복의 기술이 필요하다 … 188
32 공무원에서 변호사로, 새로운 도전을 시작하다 … 193
33 실수와 약점은 고치면 된다 … 199
34 공부하는 과정 자체가 공부다 … 204

6장 한 걸음 더 내딛게 하는 공부의 힘

- **35** 자신의 영향력이 커진다는 것 … 211
- **36** 작은 목표를 달성해가는 습관을 만들자 … 216
- **37** 혼이 담긴 공부는 배신하지 않는다 … 221

1장

좋은 머리보다 공부 전략이 우선이다

01

머리 좋은 사람의 비결은
공부법에 달려 있다

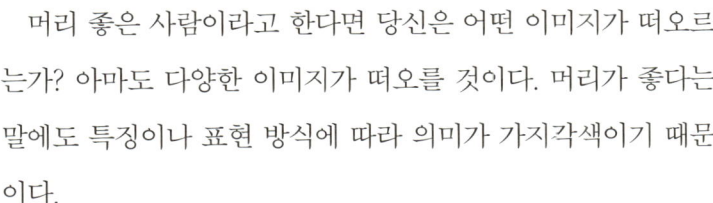

천재는 없다

 머리 좋은 사람이라고 한다면 당신은 어떤 이미지가 떠오르는가? 아마도 다양한 이미지가 떠오를 것이다. 머리가 좋다는 말에도 특징이나 표현 방식에 따라 의미가 가지각색이기 때문이다.

 이 중에서도 가장 동경의 대상이 되는 존재는 흔히 말하는 천재이다. 아무런 노력 없이 곧바로 해답을 찾아낼 수 있는 진정한 재능의 소유자이다. 그러나 사실 나는 지금까지 살면서 '이 사람은 정말 천재구나'라고 진심으로 감탄할 만한 사람은 만난 적이 없다.

학창 시절을 보냈던 도쿄대, 졸업 후에 재직했던 재무성, 그리고 현재 몸담고 있는 변호사 세계에 이르기까지 가는 곳마다 우수하다는 사람들을 많이 만나 봤지만 그들도 모두 어떤 형태로든 노력과 시행착오를 거듭하고 있었다. 선천적으로 타고난 천재라고 불리는 사람은 설령 존재한다 치더라도 극히 소수가 아닐까 싶다.

그렇다면 우리들이 평소에 접하는 머리 좋은 사람이란 어떤 사람일까?

두뇌 회전이 비상하게 빠른 사람, 논리적 사고에 능한 사람, 문제가 생겼을 때 유연한 발상으로 해결하는 사람, 눈치가 빨라 상황에 맞는 행동을 적절히 취할 줄 아는 사람 등 다양한 인물상이 떠오른다.

그런데 머리가 좋다고 평가받는 가장 단순하고도 알기 쉬운 기준은 사실 공부를 잘하는 것이다. 공부를 잘하는 것은 머리 좋은 것과 완전히 동일하지는 않지만 가장 큰 요소 중 하나이다. 동시에 매우 받기 쉬운 평가이기도 하다.

조금 설명을 덧붙여보자. 날카로운 논리나 번뜩이는 발상, 적절한 상황 판단으로 머리가 좋다는 평가를 받으려고 한다면 곧

바로 난관에 봉착한다. 그렇게 하려면 순발력이나 타고난 감, 원활한 커뮤니케이션과 같은 능력이 요구되는데 이러한 능력은 선천적인 요소를 많이 포함하기 때문이다. 게다가 이러한 능력에는 객관적인 기준이 없다. 따라서 아무리 스스로를 커뮤니케이션 능력이 뛰어난 사람이라 여기더라도 이를 누구나 의심의 여지없는 방법으로 증명하고 평가받기란 매우 어려운 일이다.

그러나 공부는 다르다. 누구라도 공부라는 한 가지 방법을 꾸준히 거듭하다 보면 지식은 반드시 머릿속에 들어오고 성적으로 반영된다. 간단하게 말해서 공부로 얻는 지식은 누구나 반드시 익힐 수 있다.

지식을 내 것으로 만드는 최단 거리

그렇다면 공부를 잘하는 사람이 되기 위해서는 무엇이 필요할까? 정답은 '자신만의 공부법을 확립'하는 것이다.

원래 공부란 새로운 지식을 접하고 이해해가는 과정을 말한다. 이 과정을 얼마나 단시간에 확실한 방법으로 수행할지에 대한 방법론이 바로 공부법이다. 결국 지식을 자신의 것으로 만들기 위한 최단 거리를 터득하고 실천하는 사람이 공부를 잘하는 사람이다.

공부법이 확립되어 있으면 어떤 의미에서는 정말로 편해진다. 자신만의 공부법이라는 레일에 오르기만 해도 다른 것은 신경 쓸 필요 없이 곧장 목적지에 도달할 수 있기 때문이다. 만일 공부법이라는 레일이 없다면 어떻게 될까?

'이 참고서를 고르는 것이 맞는 선택인가?'

'다른 참고서가 더 좋으면 어쩌지?'

'애초에 참고서만 읽어도 괜찮은 건가?'

'헛수고하고 있는 거 아냐?'

'요령이 부족한 것은 아닐까?'

이러한 의심이 분명 뇌리를 스쳐 지나갈 것이다. 그렇게 순간순간 스쳐가던 의심은 머릿속에서 점차 커지다가, 철저하게 검증하지 않으면 안 되는 찝찝한 상태에 이른다. 다른 참고서를 여러 권 더 사거나 남의 공부 방식을 따라하다가 역시 맞지 않는다며 원래 방식으로 되돌아온다. 원래 목적인 공부보다도 정작 의심 해소에만 시간을 들이면서 길을 돌아가기를 거듭한다. 헛수고가 아닌가 싶은 마음에 동요되어 더욱 헛수고를 되풀이하는 아이러니한 전개가 펼쳐지기 십상이다.

공부법이라는 레일만 잘 깔아놓고 있다면 이렇게 불필요한 우회를 완벽히 방지할 수 있다. 나는 운 좋게도 그 레일을 상당히 빠르게 깔 수 있었다.

비결이라고 한다면 나는 어렸을 때부터 활자를 접할 기회가 많았다. 부모님이 읽어주던 다양한 그림책 등 수많은 책에 둘러싸인 환경이기에 읽기에 푹 빠져 지냈고, 이러한 경험은 나중에 읽기가 중심인 공부법을 확립시키는 기반이 되었다.

결코 천재가 아닌 나를 도쿄대 수석으로 만들어 준 힘은 다름 아닌 '읽기 공부법'의 확립이다. 내가 지금까지 이룬 모든 것은 읽기에 특화된 맞춤형 공부법을 확립하고 꾸준히 반복한 성과이다.

> ✅ 공부법이라는 레일을 깔아두면 지식은 자연스럽게 몸에 밴다.
> ✅ 나에게 딱 맞는 공부법을 확립하는 것이 공부를 잘하기 위한 첫 번째 방법이다.

02

공부는 목표가 아닌 철저한 수단이다

공부는 결코 즐겁지 않다

　공부법만 확립되어 있으면 편해진다고 설명했는데, 이는 공부가 즐거워진다는 말과 엄연히 다른 뜻이다. 공부법을 익히면 지식 습득으로 가는 길은 분명히 짧아지고 목적지로의 도달도 확실해진다. 그러나 그 여정이 즐거울 것이라는 생각은 오해다. 지식을 배우고 자신의 것으로 만들기 위해서는 당연히 노력이 필요하기 때문이다.

　노력이란 자신이 정한 방법을 매일같이 되풀이해야 하는 반복과 계속을 의미한다. 노력은 엄청난 끈기가 필요한 작업이고 즐거움을 느낄 요소라고는 전무하다. 가끔씩 지긋지긋해질 때도 있는가 하면 심지어 고통까지 수반하는 일이 허다하다.

하지만 나는 줄곧 노력이라는 것을 계속해왔다. 중학생 때는 4시간, 고등학생 때는 5시간, 대학 입시 공부를 할 때는 10시간, 사법시험을 준비할 때는 14시간 정도의 시간을 매일 공부하는 데 투자했다.

어렸을 때부터 "공부가 정말 좋은가 보네?"라는 말을 자주 들었는데 대꾸하기가 번거로워서 일일이 부정하지 않았다. 하지만 이는 커다란 오해다. 나는 공부를 좋아서 했던 적이 없다.

공부는 결코 즐거운 것이 아니다. '배우는 것은 재미있다!', '즐거우면 의욕이 생겨난다!'와 같은 구호는 솔직히 말해 일종의 환상 같은, 현실과 동떨어진 선동 문구라고 생각한다.

물론 배우는 과정에 즐거움이 전혀 없다는 말은 아니다. 지적 호기심이 채워지는 순간이 있는가 하면, 몰랐던 부분이 이해되는 후련한 순간도 있다. 그러한 순간에 지적인 흥분을 느낄 때도 분명 존재한다. 그러나 어떤 목표를 향해 지식을 습득하는 중차대한 과제 중에 그러한 즐거움은 극히 일부분에 지나지 않는다.

특히 지식을 머릿속에 정착시키는 대부분의 단계에서는 역시 자제력과 인내가 필요하다. 아침에는 포근한 이불의 유혹을 참아내며 일어나야 하고, 저녁에는 식사를 대충 때우고 책상에 앉아야 한다. 휴일에는 애인과 시간을 더 보내고 싶은 아쉬움을 뒤로 한 채 데이트를 끝낼 수도 있어야 한다. 목표와 현재의 격차 혹은 계획했던 목표까지 남은 시간에 따라 정도의 차이는 있겠지만, 어느 정도 자제력이 필요하다는 각오를 해두는 편이 바람직하다.

그렇다면 공부에는 정말 부정적인 측면밖에 없을까? 공부가 즐겁지 않다는 사람들은 그 이유를 자신이 공부를 못하기 때문이라고 여기는데 이는 잘못된 생각이다.

공부를 잘하는 사람들이라고 해서 모두가 즐겁게 공부하고 있지는 않다. 공부는 당연히 즐겁지 않으며 공부하는 과정이 고통스러운 것은 당연한 현상이다. 공부라는 과정 자체가 우리들의 목표는 아니다. 시험 합격, 자격 취득 등 공부를 통해 얻을 수 있는 결과가 우리들의 목표이다.

공부는 목표를 이루기 위한 수단에 불과하다. 공부라는 수단이 고될수록 목표에 도달했을 때 비로소 진정한 의미의 즐거움을 맛볼 수 있다.

낮은 목표, 많은 성공 경험이 포인트

공부라는 과정을 즐기면서 할 필요는 없다. 공부하는 지금은 당연히 괴롭겠지만, 목표에 도달했을 때는 분명 행복하리라 마음을 다잡는다면 눈앞의 해야 할 일에 집중이 되고 목표를 향해 앞으로 나아갈 수 있다.

그렇다고는 해도 그저 노력만을 계속하기란 역시 고통스럽다. 노력을 계속하기 위해서는 긍정적인 동기부여가 필요하다. 이 내용은 마인드 컨트롤 기술과 관련된 3장에서 자세히 설명할 텐데, 여기서는 의욕을 유지하기 위한 기본자세만 간단히 살펴보고자 한다.

공부가 목표를 위한 수단이라는 점에서 알 수 있듯이 공부를 할 때는 목적과 목표 수립이 무엇보다 중요하다. 목표는 가능하면 직접 눈으로 볼 수 있는 것이 좋다. 학생이라면 정기 시험이나 대학 입시를 뚜렷한 목표로 설정할 수 있겠다. 사회인이라면 의식적으로 목표를 찾아서 설정해보기 바란다.

무리하게 목표를 설정하면 동기부여가 유지되기 어렵다. 이 때는 허들을 조금씩 넘는 방법이 효과적이다. 예를 들어 토익 TOEIC 시험에서 이번에 600점을 받았다면 다음번에는 700점을 목표로 삼는 식이다.

아무런 목표도 없이 즐겁지도 않은 공부를 언제까지나 계속하기란 무리이다. 공부를 시작해서 계속하려면 명확한 목표를 세우고 그 목표를 향해 노력하겠다는 자세를 기본적으로 갖추어야 한다.

목표를 세워두면 '지금 당장은 힘들지만 시험만 끝나면 해방이다'와 같이 종착지가 보이게 하는 효과를 얻을 수 있다. 끝이 보여야 자제력과 인내도 생긴다. 고된 과정이 있어야 얻은 성과에 충실감을 느끼면서 다시 새로운 목표를 세울 수 있다.

나 자신도 그렇게 노력을 계속해왔다. 어렸을 때 공부를 처음으로 의식하기 시작한 시점부터의 일관된 자세이다. 성적이 좋아 칭찬을 받는 것이 어린 나로서는 커다란 기쁨이었다. 그럴수록 더 공부해서 다음번에도 시험을 잘 봐야겠다는 목표가 생기면서 계속 동기부여가 유지되었다.

목표는 달성할 때마다 저금할 수 있다. 성공 경험이라는 이름의 저금이다. '지난번 시험보다 좋은 점수 받기', '라이벌보다 조금 더 점수 잘 받기'처럼 작은 목표를 세워보자. 목표가 달성될 때마다 기쁨과 의욕은 확실히 쌓여간다. 이렇게 저금한 성공 경험은 이윽고 자신감이라는 자기 자신의 든든한 기반을 만들어낸다.

- ☑ 공부는 당연히 고통스럽다. 그러나 성공 경험이 쌓일수록 자신감이 생긴다.
- ☑ 확실한 목표를 세우고 그것을 이뤄내는 고된 과정이 있어야 기쁨도 그만큼 크다.

03

'할 수 있다'고 믿는 것도 실력이다

내세울 것 없을수록 필요한 '근거 없는 자신감'

　일본의 유명 야구 선수인 스즈키 이치로의 유년 시절 일화가 있다.

　야구 배팅 센터에서 연습을 할 때 이치로는 항상 공의 속도를 '가장 빠르게'로 설정했다고 한다. 프로 선수가 되면 그 정도 빠르기의 공은 쳐야 한다고 생각했기 때문이다. 이치로는 타석보다 훨씬 앞쪽에 서서 눈에 보이지도 않는 속도로 날아드는 공을 마주하며 타법을 연구했다.

당시 이치로는 고작 어린아이였을 뿐 지금과 같은 스타 선수가 아니었다. 아무런 성과도 없던 이치로는 '나중에 프로 선수가 되면 멋지게 안타를 날려줄 테다!'라는 확신을 가지고 타석에 섰다고 한다.

나는 이 이야기를 들을 때마다 자신감에 대해 생각해보게 된다. 아직 아무것도 이루어내지 못한 상태에서 한 단계 위로 오르기 위해서는 이러한 자신감이 필요하다. 아직 결과는 나오지 않았어도 자신은 반드시 해낼 수 있다고 믿는 마음가짐이 있어야 매사에 도전할 수 있다.

나 자신을 돌이켜보면 결코 자신감 있는 유형이라고는 할 수 없다. 서툴고 하지 못하는 것이 많은 데다 할 수 있는 것도 한계가 있다고 느낀다. 그래도 목표를 설정할 때는 항상 '아마 될 거야'라고 믿는다. 딱히 근거는 없어도 왠지 자연스럽게 드는 생각이다. 이 뭔지 모를 자신감은 대체 어디에서 솟아나오는 것일까? 바로 차곡차곡 쌓아왔던 수많은 성공 경험 덕분이다.

각각의 성공 경험은 원래 작은 것이었다.

'한자 시험에서 만점을 받은 것', '이전 학기보다 성적이 오른 것'처럼 어린아이 나름의 사소한 경험뿐이었다. 그러나 성공은 반복될수록 눈덩이처럼 커져가는 법이다. 공부하고 성과로 이어질 때마다 '다음에도 할 수 있어', '그다음에도 할 수 있어'와 같은 식으로 자신을 믿는 마음이 생겨나 점차 커져간다. 자신감은 성공을 가져다주고 성공은 더욱 큰 도전으로 내딛는 용기를 갖게 해준다.

자신을 믿는 힘, 자신감이란 사람이 한 단계 도약할 때 꼭 필요한 에너지의 원천이다.

실패에 집착하면 나아가지 못한다

"성공 경험 자체가 별로 없는데, 자신감 같은 게 생길 수 있을까요?"

이렇게 질문할 수도 있다. 그러나 잘 생각해보기 바란다. 여러분이 명확하게 의식하고 있지 않아서 그렇지 성공 경험은 일상 속에 얼마든지 넘쳐난다. 눈썹이 휘날리게 뛰어 출발 직전의 전철을 겨우 탔을 때, 수없이 고민해서 고른 생일 선물을 받고 애인이 감격할 때, 초등학교 국어 시간에 지은 시를 선생님께 칭찬받았을 때처럼 작은 노력이 결실을 맺었던 경험은 분명 누구에게나 있다.

그러한 경험조차 떠올릴 수 없거나 혹은 떠올렸더라도 별것 아니라는 생각이 든다면 성공을 감지하는 안테나가 둔감해졌을 가능성이 있다. 그런데 의외로 많은 사람들이 이러한 증상에 빠져 있다.

사람은 전반적으로 성공보다 실패에 무게중심을 두기 쉽다. 가슴 따뜻해지는 경험보다는 날카로운 칼날로 가슴을 후비는 듯한 경험이 강렬하게 마음에 새겨지는 것은 분명 당연한 일인지도 모른다. 그럴수록 일상 속에서 많은 성공 경험을 찾아내어 의식적으로 자신 안에 성공의 인상을 새겨둘 필요가 있다.

왜냐하면 실패의 인상만 가진 채로 살아간다면 자신을 믿는 힘이 약해지기 때문이다. 그렇게 되면 앞에서 설명한 성공과 정반대 방향, 다시 말해 실패 경험이 주는 피해가 눈덩이처럼 불어난다. 마음속은 '어차피 다음번에도 안 되겠지', '노력해도 소용없을 거야'처럼 부정적인 생각으로 채워지며 도전 정신 역시 시들해진다.

나는 평소 미시적 관점과 거시적 관점을 구분해서 생각한다. 실패는 미시적인 관점으로만 기억해두고 거시적인 관점으로는 잊어버리려고 한다. 실패했을 때는 다음번에 같은 실수를 반복하지 말아야겠다고 다짐하지, 실패 때문에 '난 안 되나봐' 같은 자신의 가치를 떨어뜨리는 생각은 절대 하지 않는다.

자기 자신의 가치를 거시적 관점으로 파악할 때는 내가 할 수 없는 것이 얼마나 되는지를 헤아리기보다 할 수 있는 것과 해낸 것이 무엇인지에 대해 관심을 돌려보기 바란다. 시험에서 80점이나 90점을 받았다면 틀린 문제를 다시 들여다보기 전에 우선은 높은 점수에 솔직하게 기뻐하며 성취감을 진심으로 맛보도록 하자.

참고로 나는 초등학생 때 내가 태어난 홋카이도의 지명과 위치 관계를 답하는 사회 시험에서 50점을 받은 적이 있다. 당시에는 홋카이도 14개 지청의 지명만 외우고 위치 관계를 전혀 외우지 않은 것을 반성했는데, 사실 틀린 문제는 다시 공부해서 외우면 그만이다. '나는 사회를 잘 못하나봐'라고 생각하며 충격을 받을 필요가 전혀 없다. 미시적 관점으로는 반성해도 거시적 관점으로는 지나치게 침울해하지 않는 긍정적인 생각이 의욕을 유지시키는 비결이다.

- ☑ 성과가 없을 때일수록 자신감이 자산이다. 또한 자신감은 성공 가능성을 크게 만든다.
- ☑ 실수는 오랫동안 집착하지 말고, 거시적 관점에서 긍정적으로 바라보자.

04
공부에 도움이 되는 자신감은 따로 있다

자신감과 거만함은 다르다

자신감은 공부를 할 때 중요한 에너지의 원천이 된다고 설명했다. 그러나 잘못된 자신감은 오히려 발목을 잡는다.

'틀림없이 해낼 수 있을 테니까 더욱 노력하자'라고 생각하는 것은 올바른 자신감이다.

'틀림없이 해낼 수 있을 테니까 노력하지 않아도 되겠지'라고 생각하는 것은 한낱 거만함에 지나지 않는다.

이렇게 잘못된 자신감에 빠지면 일이 성가셔진다. 노력하는 자세를 잃어버릴 뿐만 아니라 사실을 공평하게 인식하는 힘이 약해지기 때문이다.

잘못된 자신감에는 두 가지 유형이 있다. 하나는 별로 노력하지 않고 대충대충 해도 어느 정도 잘되어 있는 것에 만족하면서 더 이상 성장하지 않으려는 유형이다. 다른 하나는 '하면 된다'는 것을 알기 때문에 '안 해도 괜찮다'며 완전히 태도를 바꾸는 유형이다.

우선 첫 번째 유형에 관한 지극히 일상적인 사례를 한 가지 들어 보겠다.

우리 아빠는 집에서 가끔씩 요리를 만들어주는데, 어묵을 만들고 한 입 맛보고는 "난 천재인가봐!"라고 입버릇처럼 말한다. 그러나 아빠가 그렇게 말할 때면 꼭 가족들의 평가는 그리 좋지 않았다. 한 입 먹고 딱 적당했던 맛이 두 입, 세 입부터는 간이 너무 진하다는 평으로 바뀌기 때문이다. 그래서 우리 집에서는 아빠의 "난 천재야!"라는 말이 나오면 "그럼 좀 싱겁게 해야겠네요"라고 말하는 식으로 가족 중 누군가가 의견을 내기로 하고 있다.

부모와 자식은 엉뚱한 면이 닮는다더니, 사실은 나도 별로 준비하지 못한 채 급하게 참석한 회의에서 '이만하면 발표 잘했다'라고 생각하는 순간 '나 혹시 천재!?'라고 내심 떠올리는 일이 있다. 그러나 그렇게 생각할 때면 꼭 분석 수준이 형편없다면서 상사에게 한 소리 듣는 일이 부지기수다. 나중에 발표 내용을 검증해보면 대부분 내 견해에 허점과 치우침이 있었다는 사실을 발견한다.

첫 번째 유형, 즉 대충 해도 잘되어간다고 안주하는 유형의 대처법은 그다지 어렵지 않다. 다른 사람의 의견을 참고하면서 자신의 성과를 재검증해보면 된다.

우리 아빠는 내가 전화를 걸면 아직도 "나는 천재인가봐!"라는 말을 반복하고 엄마는 옆에서 고개를 절레절레 젓는다고 하니 아무래도 사정은 변함없어 보인다. 하지만 적어도 나는 스스로 잘했다는 생각이 들수록 다른 사람의 의견에 진지하게 귀를 기울일 수 있게 되었다.

이제 막 사회에 첫발을 내딛은 사회 초년생 중에서 거만함의 함정에서 빠져나오지 못해 성장하지 못하는 모습을 종종 본다. '나는 이렇게 잘하고 있는데', '내 능력이 좋으니까 질투를 받는 거야'라는 주장만 하고, 더욱 높은 곳을 목표로 삼으려는 의욕이 없는 것이다. 이러한 사회 초년생이 여러분 주위에도 한 명쯤은 있지 않은가?

자신감은 훌륭한 자기암시다

잘못된 자신감의 첫 번째 유형, 즉 스스로가 천재라는 자기 인식을 토대로 더 이상 성장하지 않는 유형은 그나마 증상이 양호한 축에 속한다. 정말 심각한 것은 '하면 될 것이다', '하지 않아도 할 수 있다는 것을 알고 있다', '그러니까 안 한다'라는 사고 과정을 거치면서 도전조차 하지 않으려는 두 번째 유형의 증상이다.

이러한 증상을 지닌 사람은 대부분 과거에 화려하고 영광스러운 시절을 보냈다. 어렸을 때 신동 소리를 들었다거나 명문 고등학교·명문 대학을 나왔다는 등 전력이 화려하다. 하지만 그럴수록 그 전력만을 자신감의 근거로 삼으며 과거의 영광에 의지하고 싶어 한다.

과거의 영광에 기대면서 '할 수 있으니까 안 한다'라고 말하는 사람과, 앞에서 설명한 '근거는 없지만 왠지 자신감이 있다'라고 말하는 사람의 차이점은 대체 무엇일까? 비슷해 보이지만 두 가지는 엄연히 다르다.

지금까지 설명한 대로 긍정적인 사고와 부정적인 사고 양쪽 모두 궁극적으로는 근거가 없다. 그렇기 때문에 근거 없는 자신감을 증명된 성과로 전환하는 것이 무엇보다 중요하다.

출발선에서의 자신감이란 자기가 스스로에게 거는 기대이다. 그것이 앞에서 설명한 근거 없는 자신감이다. 왠지 모를 이 자신감은 결코 현재 모습에 만족하고 그만 걸음을 멈춰도 좋다는 뜻이 아니라, 다음 단계에 도전하기 위한 에너지의 원천임을 알아야 한다. 새로운 도전을 할 때는 누구라도 공포심이 따르게 마련이다. 공포심을 이겨내고 도전을 향한 에너지를 틀어넣기 위해서는 자신에 대한 일종의 암시, 즉 '나는 할 수 있다'와 같은 확신이 필요하다.

근거 없는 자신감은 출발선상에서 첫걸음을 내딛기 위한 추진력이다. 출발선을 떠나 긴 경주를 계속하려면 자신의 두 발로 한 걸음씩 나아가려는 자세가 중요하다. 이 과정에서 결과를 얻는다면 근거 없는 자신감은 증명된 성과로 바뀌고, 자기가 스스로에게 걸었던 기대는 점차 주변 사람들의 기대로 확산되어 나간다.

이러한 주기가 반복되면 근거 없는 자신감이 점차 강화된다.

'그때도 성과를 낼 수 있었으니까 이번에도 분명 괜찮은 결과가 나올 거야.'

이렇게 출발선상에 섰을 때 망설임 없이 나를 믿을 수 있는 자신감은 분명 당신에게 도전의 폭을 넓혀주게 될 것이다.

완전한 신뢰와 냉정한 평가를 동시에

근거 없는 자신감을 어떻게 하면 '분명 할 수 있다, 그러니까 해보자'라는 방향으로 가져갈 수 있을까. 근거 없는 자신감을 제어하는 포인트는 두 가지이다.

- 부정적인 면은 미시적 관점으로 보기
- 긍정적인 면은 거시적 관점으로 보기

자신의 최종적인 목표 달성력은 전폭적으로 신뢰하는 한편 당면한 구체적인 과제에 임할 때는 자기 자신을 냉정하게 바라보아야 한다. 나는 항상 뭔가에 도전할 때 항상 반드시 할 수 있다고 생각함과 동시에 난관에 부딪혀 넘어지는 내 모습도 구체적으로 그려보았다.

다음번 시험에서는 만점을 받을 수 있다고 생각하면서 부주의로 인한 실수도 상당히 많이 하는 내 결점도 동시에 인식했다. 이 자격은 반드시 딸 수 있다고 생각하면서 지금 공부량으로 내년 시험은 어림도 없다는 사실을 인식했다. 이 분야의 지식을 더욱 강화할 수 있다고 생각하면서 현재 내 지식이 보잘것없다는 사실을 인식했다.

'나는 반드시 할 수 있다'라는 암시를 걸면서 목표로 가는 길을 냉정하게 분석한다. 이 과정에서 노력의 스위치가 켜진다.

'분명 할 수 있다. 그러니까 안 한다'라는 태도를 지닌 사회 초년생이 그대로 연차만 높아진다면 상황은 더욱 비참해진다. 자존심은 높은 벽처럼 자라나 더 이상 손쓸 방도가 없어지고, 자존심을 지키기 위해 자신이 제대로 평가받지 못하는 이유를 전적으로 사회 탓이라고 여기며 비뚤어진다.

물론 '모두 내 탓이오'라며 마음에 상처를 입을 필요도 없겠지만, 본인이 제대로 평가받지 못하고 있다면 대체로 책임은 개인에 반, 사회에 반 정도가 있다고 본다. 책임을 전부 사회에 떠넘긴다면 자신을 돌아보며 성장하고자 하는 의욕은 제자리에서 멈춰버린다.

남은 긴 인생을 계속 세상 탓만 하며 공격 자세로 살아가는 모습은 절대 사절이다. 그렇게 되지 않기 위해서는 근거 없는 자신감을 긍정적인 방향으로 제어하는 것이 매우 중요하다.

- ☑ 자신을 믿는 것은 기본이다. 동시에 당면한 과제는 제대로 직시하자.
- ☑ 어떤 일을 시작할 때는 주저 없이 나를 믿자.

05
무엇보다 자신을
파악하는 것이 최우선

누구에게나 잘하는 분야는 있다

자신감이라는 키워드에 관해서 지금까지 자세하게 살펴본 데는 이유가 있다. 공부법을 확립하는 노하우에서도 자신감이 든든한 기반으로 작용하기 때문이다. 그리고 이를 위해서는 나를 정확히 파악해야 하는 것이 필수다. 본인이 할 수 있는 것과 잘하는 것을 인식하고 있으면 그것이 곧 자신감이 되어 공부를 편하게 할 수 있기 때문이다.

여기서 '잘하는 게 없다'라고 단정하는 것은 금물이다. 개인이 가진 능력은 모두 제각각이다. 누구든지 이것만큼은 싫거나 하고 싶지 않은 것이 있듯이, 반대로 자신 있는 것, 즉 상대적으로 남보다 특출한 부분이 있다는 뜻이다. 서툴거나 싫어하는 것을 제외하다 보면 자신만의 특기, 남들보다 잘하고 좋아하는 분야를 분명 찾아낼 수 있다. 자신의 특기 분야를 분석하기 위한 방법은 두 가지가 있다.

그중 하나는 문과냐 이과냐 하는 계열을 구분하는 것이다. 내가 공부하고 시험을 치르면서 주위를 살펴봤더니 대부분의 사람은 문과형 인간 혹은 이과형 인간으로 구분할 수 있었다. 고전적인 분류 방식이기는 해도 아직은 설득력이 있다.

자신이 이과로 분류된다는 확실한 의식이 없다면 문과형 인간일 가능성이 높다. 뉴스에서 종종 접하는 과학 논문 조작 사건은 정확한 데이터 기반의 논증이 이루어졌는지 여부보다도 오히려 악의적이었는지 혹은 날조라고 할 수 있는지와 같은 문과적인 보도를 할 때가 많다. 세상에는 문과를 잘하는 사람이 더 많은 것 같다.

이과의 특징은 역시 압도적으로 수학에 강하다는 점이다. 예를 들어 업무 중에 간단한 표를 만들어 달라는 상사의 부탁을 받았다고 가정해보자. 그래프가 아닌 '표'라는 점에 주목한다. 이때 자신이라면 워드로 작업할지 엑셀로 작업할지를 생각해보기 바란다. 표를 만들 때도 워드를 쓰는 사람(나도 포함된다)이라면 문과형 인간일 가능성이 상당히 높다.

세계적인 경영 컨설팅 기업 '맥킨지 앤 컴퍼니'를 부흥시킨 시조로도 유명한 오마에 겐이치 교수는 '전략적 사고'를 제창했다. 1970년대에 처음으로 세상에 발표된 이론이다. 나는 최근 들어서야 전략적 사고에 관한 책을 처음 접했는데, 오래된 책인데도 매우 강렬한 인상을 받았다.

주말에 경치 좋은 관광지에서 레저 스포츠를 즐기자는 1박 2일의 패키지여행 팸플릿이 있다. 이에 대해 오마에 교수는 자연과 혼연일체가 된 분위기를 세일즈 포인트로 가정할 때, 어떤 분위기에 대가를 지불해야 하는지가 명확하지 않다고 주장한다. 또 여행의 핵심이라는 레저 스포츠에 주목하며 경치 좋은 관광지까지 갔다가 돌아오는 시간을 산정했다. 그 결과 실제로 레저 스포츠를 즐길 수 있는 시간이 1박 2일 중 실제로는 몇 시간에 불과하다는 사실을 수학적으로 밝혀냈다. 숙박비·교통비·식비를 제외한 금액을 토대로 레저 스포츠를 한 대가로써 시간당 얼마나 지불하게 되는지도 구했다. 결과적으로 근교에서 느긋하게 레저 스포츠를 즐길 때보다 가격이 3배나 비싸다는, 부정하기 힘든 결론이 명확히 도출되었다.

오마에 교수는 도시에서 멀리 벗어나 레저 스포츠를 즐기는 행위를 부정하는 것이 아니라, 딱히 원했던 분위기도 아니었던 것에까지 돈을 지불할 필요가 없다는 주장을 하고 있다. 근교로 갔을 때보다 3배나 비싼 비용이 든다는 점을 분명하게 인식한 후에, 경치 좋은 관광지에서 레저 스포츠를 즐기는 것은 그 비용을 상회하는 가치가 있다고 판단할 때에만 패키지여행을 선택해야 한다고 주장하는 셈이다.

나는 전체적인 분위기나 문맥 혹은 가벼운 느낌을 중시하는 편이라서, 송곳 같이 날카로운 오마에 교수의 사고법에 매우 강렬한 인상을 받았다. 이렇게 분석적인 발상이야말로 이과적인 것이 아닌가 싶었는데, 오마에 교수가 와세다대 이공학부 출신이라는 사실을 알고 나서 무릎을 탁 쳤던 기억이 있다.

머릿속에 입력시키는 최고의 방법

자신에게 잘 맞는 것을 알게 되었다면 그것을 중점적으로 공부함으로써 특기 분야를 강화시킬 수 있다. 한편 잘하고 못하고를 떠나서 업무상 반드시 익혀야 하는 스킬의 공부법을 찾고 싶을 때도 있다.

그래서 특기 분야를 찾는 또 하나의 방법으로 등장한 것은 바로 '머릿속에 잘 들어오는 입력input 방법 찾기'이다. 공부의 방법론에는 주로 세 가지 입력 창구가 있다.

- **시각 자극:** 눈으로 본 정보를 인지·기억하는 방법
- **청각 자극:** 귀로 들어온 소리를 인지·기억하는 방법
- **행동 자극:** 다른 사람의 작업이나 행동을 관찰하고 모방하면서 학습하는 방법

이 중에서 대부분의 사람에게 가장 적합한 방법은 시각 자극이다. 청각으로 학습할 수 있는 분야는 음악이나 어학 등으로 상당히 제한적이다. 아주 어렸을 때부터 훈련을 거듭해서 귀로 듣는 입력에 뛰어나지 않은 이상 청각 자극이 시각 자극보다 발달하는 일은 드물다.

한편 행동 자극은 스포츠나 업무상에서의 실무 등 몸을 쓰는 기술의 습득에 한정된다. 책상 위에서 하는 공부에는 역시 시각 자극을 중시한 공부법이 가장 효과적이라고 할 수 있다.

누구에게나 딱 맞는 7번 읽기 공부법

그래서 이 책에서는 시각 자극에 의한 입력에 특화된 공부법을 소개한다. 내가 직접 실천했고 성과로 이어온 방법임과 동시에 대부분의 독자에게 딱 맞는 방법이 아닌가 싶다. 뒤에서 자세히 설명할 예정이니 여기서는 내 공부법을 간단하게만 소개하고자 한다.

그것은 바로 '7번 읽기'라는 공부법이다. 어떤 분야, 어느 교과서든지 가볍게 7번 통독하는 것을 반복하는 작업이 전부이다. 정말로 간단하다. '7번 읽기'는 간단하면서도, 아니, 간단하기 때문에 합리적이고 효과적인 공부법이다.

우선 피곤하지 않다는 장점이 있다. 기합을 잔뜩 넣고 독서에 임하면 과부하가 걸려서 피곤해지는데, 그럼에도 효과가 별로 없다 보니 자신감 상실로 이어진다. 이렇게 공부를 지속하기란 무리이다. 반면에 7번 읽기 공부법은 매회 훑어보는 것에 가까울 정도로 가볍게 책을 읽는다. 이해하려고 어깨에 힘줄 필요도 없거니와 이해가 되지 않는 부분은 건너뛰고 읽으면 그만이다. 자신이 공부를 못한다고 의식하지 않고도 공부할 수 있도록 하는 공부법이다.

다음으로 확실히 이해할 수 있다는 장점이 있다. 가벼운 통독이라도 횟수를 거듭하면 자연스럽게 머릿속에 들어온다. 독서에 거부감을 느끼지 않는 상태에서 횟수를 거듭하는 동안에 어느덧 이해가 깊어지는 구조이다.

특기 분야나 자신에게 맞는 입력 방법은 사람마다 제각각이겠지만 시각에 특화된 공부법은 모든 사람에게 적합하다. 특히 공부라는 말만 들어도 머리가 지끈거리는 사람에게 성공 경험과 자신감을 채울 수 있는 손쉬운 방법으로 7번 읽기 공부법을 강력 추천한다.

- ✅ 잘하는 분야를 인식한 후에 쉽게 성공 경험을 쌓을 수 있는 방법을 찾아 실천해보자.
- ✅ 공부 못하는 사람도 '7번 읽기 공부법'은 가능하다.

06

'공부의 때'를 놓친 성인들도 가능한 전략적 공부법

공부 머리 없어도 할 수 있다

 7번 읽기 공부법은 어떤 적성을 지닌 사람이라도 딱 맞는다고 설명했다. 그러나 의심 많은(?) 독자는 이렇게 질문을 던질 수도 있다.
 "문장의 요지나 본질을 파악하는 감이 없다면 몇 번을 읽어도 소용없지 않을까요?"
 내 대답은 확실히 '그렇지 않다'이다. 글로 적혀 있다면 내용은 누구든지 이해할 수 있다. 언뜻 보기에는 난해한 문장이더라도 그 속에 의미가 존재하는 이상 반드시 이해할 수 있다. 7번으로 안된다면 10번, 10번으로도 안된다면 20번 읽으면 언젠가는 이해된다. 다시 말해 타고난 감이나 재능이 아닌 '횟수'의 문제이다.

난해한 문장을 한 번 읽고 바로 요지를 파악할 수 있는 사람은 거의 없다. 앞에서 말했듯이 천재는 없다고 봐도 무방하기 때문이다. 난해한 문장을 한 번 읽고 요지를 파악한 것처럼 '보일' 뿐이다. 사실 독해에는 타고난 감이 있다기보다 활자, 특히 그 분야에 관한 저작물을 어느 정도 읽었는가 하는 경험의 영향이 크다. 활자를 접하면 접할수록 반응은 빨라지기 때문이다.

굳이 읽기에만 한정할 필요 없이 음악이나 어학 등의 분야를 떠올려본다면 더 쉽게 이해될 것이다. 절대음감을 지닌 채로 태어나는 사람은 거의 없다. 대부분 유소년 시기에 악기나 노래를 배우며 많은 음악을 접하기도 한다. 유소년 시기를 해외에서 보낸 사람은 그 나라의 언어에 익숙해져서 현지인 수준의 언어를 자유자재로 구사할 수 있다.

이번에는 이런 질문을 할지도 모르겠다.

"유소년 시기에 그런 경험을 쌓지 못했다면 때를 놓친 것이 아닐까요?"

이번에도 역시 대답은 '그렇지 않다'이다. 성인이 되어서 영어 공부를 시작하고 유창하게 말할 수 있게 된 사람이 내 주변에도 많다. 전적으로 대량의 영어를 접하고 연습과 공부를 거듭한 덕분이다.

물론 어렸을 때와 같은 자연스러운 호흡법은 성인이 되면서 잃어버린다. 반면에 성인은 그만큼의 경험과 명확한 의지가 있다. 어린아이가 호기심을 가지고 무작위로 지식을 흡수하는 것과 달리, 성인은 목표를 세워 그 목표를 향해 조준하고 거기에만 집중해서 공부할 수 있다.

이 책에서 설명하는 공부법은 선천적이 아닌 후천적 학습 능력을 최대한으로 활용하는 성인을 위한 공부법이다.

공부 체질이 몸에 밴다

공부법의 핵심은 이해에 도달할 때까지의 과정을 얼마나 빨리, 그리고 확실히 수행하는가에 있다. 읽는 행위는 이를 위한 가장 기본적인 작업이다. 7번 읽기 공부법은 성인이더라도 빠르게 지식을 흡수하기 위한 전략적 수단이다.

이번 장을 복습하는 차원에서 공부법에 필요한 요소를 다시 한 번 정리해보자.

1. 마음가짐

- 공부는 즐거운 것이 아니라 노력이 필요한 것임을 이해한다. 즐겁지 않기 때문에 최단 거리로 목적을 달성하고 싶은 동기가 생겨난다.
- 목적이나 목표에 대해서는 할 수 있다는 자신감이 필수 사항이다. 반대로 말하면 시간적으로 도저히 달성할 수 없을 법한 무리한 목표는 세우지 않는 편이 좋다.

2. 직접 해보기

- 교과서를 이해하려 하지 말고 반복해서 통독을 한다.
- 반복해서 읽고 이해할 수 있었다면 이것을 성공 경험으로 확실히 각인시킨다.

위와 같은 방법으로 성공 경험을 쌓다보면 '다음번엔 여기에 도전해보자'라는 마음이 솟아난다. 계속적으로 목표를 설정하고 도전하는 습관이 생기는 것이다.

왜냐하면 이 공부법에는 배우고자 하는 내용이 머릿속에 들어올 뿐만 아니라 공부 체질이 몸에 밴다는 특징도 있기 때문이다. 말하자면 공부를 위한 기초 체력이 붙는 셈이다. 그렇게 되면 다음에 도전할 때는 지식의 흡수가 훨씬 쉬워지며, 성공의 짜

릿한 느낌이 도전 정신을 더욱 촉진시키게 된다.

  나 역시 이러한 주기를 반복하면서 이 자리에 올 수 있었다. 공부량을 착실히 늘려가면서 어떻게 지금까지의 길을 걸어왔을까? 그것은 '7번 읽기 공부법'에 힘입은 바가 크다

- ☑ 읽기 공부법을 통해 책의 내용을 흡수하고 공부의 기초 체력도 기르자.
- ☑ 반복해서 읽다 보면 공부 체질이 몸에 밴다.

2장

누구나 할 수 있는 '7번 읽기 공부법'

07

도쿄대 수석의 비결,
무조건 7번 읽기!

가장 빨리 핵심만 파악하는 법
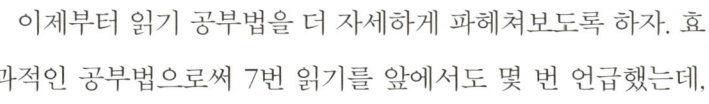

 이제부터 읽기 공부법을 더 자세하게 파헤쳐보도록 하자. 효과적인 공부법으로써 7번 읽기를 앞에서도 몇 번 언급했는데, 사실 나는 평소 세 가지 방법으로 책을 읽는다.

 첫 번째는 '보통 읽기', 말 그대로 평소처럼 책을 읽는 방법이다. 통독이나 정독이 아니라 보통 속도로 글자를 읽어나간다. 소설이나 잡지, 신문 기사를 읽을 때는 이 방식을 사용한다.

 두 번째는 '리서치식 읽기', 어떤 주제를 조사할 때 도움이 되는 읽기 방법이다. 과제 리포트를 써야 하는 학생이나 정보 수집을 해야 하는 직장인에게 이 방식을 추천한다.

리서치식 읽기는 많은 책을 훑어본다는 점이 특징이다. 이 방법은 특히 도서관이 지원군 역할을 톡톡히 한다. 우선 도서 검색대로 가서 알아보고자 하는 주제나 키워드를 입력하고 관련 있는 책이 어디에 있는지를 확인한다. 서가로 가면 검색 결과에 나왔던 책 이외에도 주변에 도움이 될 것 같은 책이 눈에 띌 것이다. 그 책들까지 전부 꺼내서 훑어본다.

꺼내온 책들을 전부 제대로 읽으려면 시간이 걸릴 테니 이때는 빠르게 훑어보는 것이 핵심이다. 차례를 보면서 어디에 무엇이 적혀 있는지를 확인하고 통독으로 관련성이 높은 부분을 찾는다. 이때의 읽기 요령은 문장을 읽으려 하지 말고 문장 속의 키워드 찾기에 집중하면서 읽는다는 점이다. 관계가 있는 자료는 나중에 보통 읽기를 하면 되기 때문에 리서치식 읽기에서는 문장의 의미를 그때그때 파악하지 못하더라도 전혀 신경 쓸 필요가 없다.

책들을 모두 훑어보았다면 꼭 필요한 책 이외에는 모두 제자리에 꽂아두고, 책에서 도움이 될 것 같은 몇 페이지만 해당 부분을 복사한다. 이제 복사본과 가지고 있는 책의 관련 부분을 꼼꼼하게 읽는다. 이렇게 한다면 알아보고자 했던 주제의 상당한 분량이 확보되면서 질적으로도 충실한 정보를 얻을 수 있을 것이다.

한편 리서치식 읽기를 할 때는 인터넷도 큰 도움이 된다. 조사할 내용에 관한 배경지식이 없을 때는 위키피디아와 같은 온라인 백과사전 사이트 검색을 통해 미리 간단하게 주제에 대한 윤곽선을 그려둔다. 그렇게 하면 어떤 책에 유용한 정보가 실려 있는지를 쉽게 가늠해볼 수 있다.

"읽기보다 더 좋은 공부법이 있나요?"

그리고 세 번째가 바로 '7번 읽기'이다. 시험공부는 물론 지식을 쌓고자 할 때 전반적으로 도움이 되는 방법이다.

7번 읽기라는 말은 내가 도쿄대를 졸업하면서 성적 우수자로 총장상을 받게 되었을 때 처음 이름 붙인 말이다. 도쿄대 법학부의 성적 체계는 생각보다 단순해서 내가 학교를 다닌 당시에는 '우', '양', '가', '불가'의 4단계였다. 즉 '우'는 최고의 성적이었다.

수상자 선정 과정에서 "어떻게 공부했기에 그렇게 '우'를 많이 받았습니까?"라는 질문에 "7번 읽으면 대부분 외워져서……"라고 대답했던 것이 발단이었다.

사실 그때까지는 내 공부법을 객관적으로 생각해본 적이 없었다. 7번 읽기로만 공부를 해온 나로서 이 공부법은 그야말로 왕도로, 지극히 평범한 공부법이었기 때문이다.

'이것 말고 다른 공부법이랄 게 있나요?'

오히려 이렇게 묻고 싶은 심정이었다. 그런데 총장상 선정위원들은 내 대답에 의외로 조금 놀랍다는 반응을 보였다. 그제야 비로소 이 공부법이 약간 독특하다는 사실을 깨달았다.

이를 계기로 7번 읽기라는 나만의 공부법을 명확하게 의식하게 되었다. 요령이 뛰어나지도 않고 머리 회전이 빠른 편도 아닌 내가 도쿄대에서 수석을 차지할 수 있었던 것은 이 방법 덕분이라는 생각에 이르렀다.

7번 읽기 공부법의 특징은 세 가지이다.

1. 읽기에 부담이 적다

7번 읽기는 매회 통독을 하는 방식이다. 따라서 집중력 있게 제대로 읽고 이해해야겠다는 마음으로 책을 대하는 것과는 거리가 멀다.

2. 정보 입력 속도가 빠르다

같은 문장을 가지고 읽기·쓰기·말하기·듣기를 했을 때의 정보 입력 속도를 비교해보면 두말할 필요도 없이 읽기가 가장 빠르다. 정리 노트를 쓰거나 강의를 듣는 것보다도 단시간에 대량의 정보를 입력할 수 있다.

3. 언제 어디서나 가능하다

책이 한 권 있다면 때와 장소를 가리지 않고 공부를 할 수 있다. 바쁜 직장인들은 통근 시간이나 자투리 시간에 이 공부법을 통해 시간을 효율적으로 활용해보자. 단기 집중 공부에도 적합한 방법이다.

그렇다고 7번이라는 숫자에 너무 연연할 필요는 없다. 나는 7번으로 이해되지 않는 어려운 내용은 더욱 횟수를 늘려 보충 읽기를 하는 편이다.

- ☑ 조사할 때는 리서치식 읽기, 지식을 쌓기 위해서는 7번 읽기를 활용해보자.
- ☑ 7번 읽기는 부담이 적고, 입력 속도가 빠르며, 효율적이다.

08

통째로 복사되는 궁극의 독서법, 7번 읽기 원리

단순한 '인지'에서 명확한 '이해'로

갖가지 분야의 지식이나 정보를 접할 때마다 매번 느끼는 것이 있다. 모르는 것은 이해할 수도 없다는 점이다. 이렇게 말하면 의아하게 생각할지도 모르겠다.

"모르는 것을 알게 되는 것이 이해 아닌가요?"

"모르는 것을 이해할 수 없다면 아무리 공부해봤자 지식을 얻을 수 없다는 건가요?"

그렇다면 다음 문장을 읽어보기 바란다.

'철수가 영희에게 꽃을 주었다.'

간단히 이해할 수 있는 내용이다. 철수라고 하는 남자 아이가 영희라고 하는 여자 아이에게 꽃을 주는 장면이 눈앞에 떠오를 것이다. 그런데 만일 앞 문장에서 쓰인 '철수'가 전형적인 남자 아이의 이름이고 '영희'가 여자 아이의 이름이라는 배경지식이 없었다면 문장을 읽고 그림이 바로 그려졌을까? 여성은 꽃을 좋아한다는 설정이 약간 상투적이기는 하지만, 아무튼 그렇게 통용되는 배경지식이 없었다면?

어떤 문장을 이해할 때는 반드시 그 내용에 관한 얼마간의 예비지식이 전제되어 있다. 비록 본인은 명확하게 의식하고 있지 않더라도 말이다. 즉 이렇게 정리해볼 수 있다.

'이해하기 전에는 우선 인지의 과정이 필요하다.'

인지와 이해는 비슷하면서도 다르다.

예를 들어 어떤 문장을 보고 '이런 말이 쓰여 있다'라고 시각적으로 감지하는 것은 인지이다. 반면에 문장에서 이미지를 끄집어내고 의미를 간파해 메시지를 파악하는 과정은 이해이다.

이는 서로 모르는 사람끼리 처음 만나는 상황과 비슷하다. 처음 만난 사람과 인사를 나누자마자 바로 그 사람을 이해하기란 무척 어려운 일이다. 이해를 목적으로 책을 읽기 시작한다면 처음 만난 상대방과 바로 친한 친구가 되려는 것과 마찬가지이다.

당연히 어렵다고 느껴지고 내팽개치고 싶어진다.

대체로 우리는 단번에 친구가 될 수 없다. 처음에는 그저 '아는 사이'일 뿐이다. 인지란 이렇게 서로 아는 사이의 상태로 만드는 것을 의미한다. 조금씩 머릿속에 정보를 집어넣고 책에 적힌 문장과 아는 사이가 되어 가는 셈이다.

이 과정을 여러 번 반복하면 문장과 친밀감이 형성된다. 어려운 문장도 이미 처음 읽기에서 본 상태이기 때문에 '아까 읽었던 문장이다'라고 인지할 수 있다. 읽기 횟수를 거듭할수록 인지의 빈도는 늘어나고 아는 사이에서 점점 친한 '친구 사이'로, 나아가 신뢰할 수 있는 '절친한 사이'로 가까워진다.

7번 읽기는 책과 절친한 사이가 되기 위한 작업이다. 우선 인지한 후에 그것을 이해로 연결시키는 길을 만드는 과정이 중요하다.

'30분×7번', 저절로 기억된다

7번 읽기에서 1회당 속도는 빠를수록 좋다. 나는 300페이지 분량의 책을 1회당 30분 정도로 읽는다. 이것은 결코 속독이 아니다. 특별한 재주가 있어서 빨리 읽는 것도 아니다. 그야말로 단순한 통독이다. 그렇기 때문에 이 정도 시간에 읽기를 끝낼 수 있다.

7번 읽기에서는 매회 사이에 쉬는 시간을 두지 않고 읽기를 추천한다. 기억이 희미해지기 전에 다음 회를 읽으면 머릿속에 정착이 빨라진다. 나도 학창 시절에 시험공부를 할 때는 각 읽기 사이에 가능하면 시간을 두지 않았다. 7번 읽기를 하루 안에 할 수 있다면 이상적이다.

사회인이 되면 독서에 많은 시간을 들이기 어렵다. 하지만 통독은 매회 30분에서 1시간밖에 걸리지 않아서 많은 시간을 들이지 않더라도 도중에 끊지 않고 한 권을 다 읽을 수 있다.

많은 시간을 들일 수 없는 상황에서 천천히 1번만 읽을 때를 가정해보자. 도중에 읽다가 그만두기라도 하면 나중에 다시 읽어야 하고, 앞부분의 기억을 상기시키기 위해 이미 읽었던 페이지를 다시 읽으면서 시간을 허비해야 한다. 반면에 7번 읽기는 매회 걸리는 시간이 적기 때문에 그럴 필요가 없다.

매회 30분에서 1시간씩 하루 1번의 속도로 읽으면 딱 1주일에 7번 읽기를 할 수 있다.

300페이지 분량의 책을 1주일 동안 7번 읽기르 다 읽는다면 총 소요 시간은 보통 읽기를 1번 할 때와 거의 비슷하거나 어쩌면 조금 짧은 정도가 될 것이다. 그럼에도 7번 읽기는 반복해서 통독하는 방식이기 때문에 보통 읽기 1번보다 기억에 훨씬 잘 정착된다.

읽을 때는 잔뜩 기합을 넣지 않는 것도 중요하다. 짧은 시간에 읽는 만큼 신경을 집중해서 읽어야 하는 것이 아닌가하고 생각할 수도 있는데, 실제로는 그 반대이다. 집중해야 한다는 생각이 도리어 잡념이 된다. '책을 펼치고 페이지를 넘기는 행위 자체가 읽기다'라고 생각하며 편하게 훑어보도록 하자.

특히 첫 번째로 읽을 때는 문장을 쫓아가기에도 벅찰 수 있다. 모르는 부분은 다음에 다시 읽으면 되기 때문에 의미가 파악되지 않더라도 신경 쓸 필요가 없다. 그때는 소제목만을 훑어보는 보조 읽기 1회를 추가하면 좋다.

☑ 책에 적힌 문장을 이해하기 전에 우선 문장과 '아는 사이'가 되자.
☑ 책을 읽을 때는 '빨리' 그리고 '가볍게' 읽자.

09
과목에 따른 효율적 독서법

현대문학·영어 - 노트와 문제집 활용

7번 읽기 공부법은 글자가 적힌 책이나 자료만 있다면 기본적으로 모든 분야의 공부에 도움이 된다. 다만 몇 가지 예외가 있으니 살펴보자.

고등학교에서 배우는 현대문학은 교과서를 읽는 것뿐만 아니라 수업 중에 선생님의 해설을 받아 적은 노트를 읽는 방법이 더 확실하다.

영어는 그 목적이 입시 공부인지 어학 능력 향상을 위한 공부인지에 따라 방식이 달라진다.

'영어 회화를 잘하고 싶다', '비즈니스에서도 쓸 수 있는 수준으로 영어를 말하고 싶다'라고 원한다면 동일한 문장을 반복해서 읽어도 그다지 효과가 없다. 오히려 조금이라도 더 많은 영어 문장을 읽을 필요가 있다. 토플TOEFL이나 토익 시험을 준비할 때는 문제집 한 권에만 의지하지 말고 다양한 문제집을 파고드는 것이 오히려 좋은 방법이다. 같은 문제집을 반복해서 풀면 '이 페이지의 1번은 A가 정답'이라는 암기 방식만 생겨날 뿐 영어 자체는 공부가 되지 않기 때문에 주의가 필요하다. 월간 영어 회화 잡지처럼 매달 갱신되는 교재를 꾸준히 구독하는 것도 현명한 방법이다.

한편 입시 영어에서는 다행인지 불행인지 영어를 자유자재로 능숙하게 구사하는 능력까지는 요구하지 않는다. 이때는 7번 읽기 방식에 약간만 변형을 가하는 정도가 좋다. 우선 영어 단어 공부는 100개 내지는 150개의 단어로 이루어진 짧은 영어 문장을 읽으면서 중요 단어를 띄엄띄엄 적어가는 '7번 쓰기'가 효과적이다.

다음으로 문법은 읽기보다 풀기 쪽이 머릿속에 잘 정착된다는 것이 경험상 얻은 지론이다. 따라서 문법 문제집 '7번 풀기'를 추천한다.

정답을 맞춰볼 때는 틀린 문제에 신경 쓰지 않는 것이 철칙이다. 5번째 풀기까지는 문제에 틀렸다는 표시를 전혀 할 필요가 없다. 틀린 문제에 대한 해설만 읽어두면 충분하다. 문제집을 풀 때는 왜 틀렸는지 생각해봐야 한다고 배워왔을 것이다. 그러나 자신의 오답을 곰곰이 생각하는 과정에서 오히려 정답보다 오답이 기억에 강하게 정착된다.

7번 풀기 중 5번째 풀기에 돌입했을 때부터 틀린 문제에 표시하도록 한다. 이 단계에서 틀린 문제야말로 어딘가 이유가 있어서 틀린 문제이다. 그쪽에 집중해서 시간을 투자하는 것이 효율적인 방법이다.

수학 - 해설의 반복 풀기

수학도 7번 읽기를 변형한 7번 풀기가 효과적이다. 무엇을 틀렸는지 하나하나 따지지 말고 올바른 풀이만 읽은 후 다음 문제로 넘어가야 하는 점도 영어 공부와 동일하다. 수학은 각 문제의 분량에 맞춰서 정답을 확인하는 빈도를 바꾸는 것이 효율적으로 문제집을 푸는 요령이다.

중학교나 고등학교의 정기 시험에 나오는 간단한 계산이나 인수분해 정도라면 여러 문제를 풀고 한 번에 정답을 맞춰본다. 간단한 문제를 하나 풀 때마다 정답을 맞춰보는 것은 비효율적이다. 반면에 대학 입시 문제는 각 문제의 분량이 긴 것이 특징이다. 한 문제를 풀 때마다 답을 보고 다음 문제로 넘어가는 순서를 추천한다.

같은 문제 7번 풀기를 통해 두 가지 기술을 얻을 수 있다. 바로 '모범 답안'과 '매뉴얼' 양쪽을 손에 넣을 수 있다는 점이다. '모범 답안과 매뉴얼은 같은 거 아냐?'라고 생각할지도 모르겠지만, 이 두 가지는 엄연히 다르다.

예를 들어 직장에서 선배가 신입사원에게 전화 대응 방법을 가르칠 때 눈앞에서 보이는 시범이 모범 답안이다. 그것을 본 신입사원은 그대로 따라하면 된다는 기본을 이해한다. 반면에 매뉴얼은 '이러한 민원이 들어오면 이렇게 대응해라'라고 사례별로 대응책을 기록한 교본이다. 매뉴얼을 읽으면 다양한 패턴에 대한 대응력을 익힐 수 있다.

공부에는 이 두 가지 스킬이 모두 필요하다.

모범 답안밖에 알지 못한다면 다른 패턴을 접했을 때 대응하지 못한다. 반대로 매뉴얼밖에 알지 못한다면 본질적으로 고객의 요구에 응할 수 없다. 매뉴얼에서는 목소리 상태나 말의 뉘앙스까지 지시해주지 않는다. 내용상으로 보면 규칙에 따르고 있어도 시종 무미건조한 응답을 해버리게 된다.

수학도 마찬가지이다. 수학에서 말하는 모범 답안이란 기본적인 풀이 방식이다. 해설에 나오는 수식을 여러 번 옮겨 적는 것을 반복하는 동안 풀이 방식의 기본을 이해할 수 있다. 그리고 다른 문제를 풀면서 같은 방법을 반복하다 보면 패턴이 확장된다. 즉 모범 답안과 매뉴얼 모두를 몸에 익힐 수 있다.

☑ 7번 풀기를 하면 기본적인 풀이 방식과 대응 패턴 모두를 몸에 익힐 수 있다.
☑ 틀린 문제에 신경 쓰기보다 해설을 꼼꼼히 반복해서 읽어라.

10

7번 읽기 공부법을 위한 완벽한 교재

가장 중요한 기준은 포괄성

　7번 읽기에서는 한 권의 기본 교재가 필요하다. 단 한 권을 여러 번 읽고 동일한 문장을 반복해서 훑어본다. 반복이야말로 7번 읽기가 지닌 강점이다.

　그렇다면 단 한 권의 책은 어떻게 고르면 좋을까? 학교 정기 시험이라면 교과서만 지정된 범위를 읽으면 되기 때문에 간단하다. 그러나 대학 입시나 사법시험 등 자격시험을 위한 책은 스스로 음미해보고 골라야 한다.

한 권밖에 읽지 않기 때문에 세심한 주의가 필요하다. 한 권의 책이 불충분한 정보를 담고 있다면 머릿속에 넣는 지식에 누락이 생기기 때문이다. 그래서 포괄성이라는 키워드가 중요하다. 배워야 할 내용을 빠짐없이 포함하고 있는 책(이라기보다는 그렇게 믿을 수 있는 책)을 고르는 것이 철칙이다.

그러한 책을 확실히 구하기 위한 요령이 있다. 우선 많은 책을 비교 검토해야 한다. 가능하다면 대형 서점에 가는 것을 추천한다. 대학 입시용··자격시험용 참고서나 문제집이 충실하게 구비된 서점이 가장 이상적이다.

서점의 서가 앞에 서서 시간을 들여 만족할 때까지 비교한 후에 가장 포괄성이 높으면서도 상세한 책을 골라보자. 이때 인터넷 주문은 바람직하지 않다. 오랫동안 읽을 책은 자신과의 궁합이 중요하다. 손에 들고 술술 페이지를 넘기면서 내용을 살펴보고 분위기를 파악하는 것도 책을 고르는 중요한 요소이다.

궁합이라는 관점에서 책의 레이아웃이나 디자인이 자신과 잘 맞는지도 따져야 한다. 예를 들어 주로 이동 시간에 공부한다면 휴대하기 편한 책을 골라야 한다. 이때는 한 권의 두꺼운 책이 아닌 상하권으로 분리된 책을 고르는 식의 고민이 필요하다.

입시 학원에서 내는 교과서는 여러 종류이고 결국 어느 책을 읽더라도 최종적으로는 대체로 비슷한 지식을 얻는다. 그래도 책을 고르는 과정을 생략하는 것은 금물이다. 학원에 다니지 않고 자기만의 방식으로 공부하면 그렇지 않아도 심적으로 불안하다. 성적이 좀처럼 오르지 않는 시기에 '어떤 참고서가 좋다'라는 소문을 들으면 저도 모르게 모처럼 5번까지 읽었던 참고서를 버리고 새로운 참고서로 갈아타기 십상이다. 공부하면서 이렇게 한눈을 파는 행동을 절대 해서는 안 된다. 일단 기본 교재를 정했다면 갈아타지 말고 계속 읽는 것이 가장 중요한 포인트 중 하나이다.

그렇게 하려면 앞서 말했듯이 내가 고른 책이 제일이라는 믿음이 필요하다. 성적이 오르지 않아 자기가 읽는 기본 교재에 불안감을 품기 시작했을 때, 선정 과정에 시간을 들였다는 자부심이 처음의 기본 교재에 대한 지조를 지키게 한다. 엄선해서 고른 기본 교재가 자신에게는 제일의 정답이라고 믿는 마음이 생겨나기 때문이다.

그림이 많은 책은 오히려 읽기 힘들다

개인적인 취향일 수도 있는데 나는 알록달록한 지면으로 된 책과 궁합이 잘 맞지 않는 모양이다. 다양한 색으로 인쇄된 책은 화려해서 눈에 확 띈다. 다만 내 공부법은 반복 읽기를 전제로 한다. 이러한 책을 반복해서 보면 색이라는 불필요한 정보가 번거롭게 느껴져 읽으면서 피로해진다.

이렇게 불필요한 요소가 있는 책은 개인적인 취향 문제일지언정 약간은 주의가 필요한 책이라고 말하고 싶다. 글자를 크게 키웠거나 삽화를 충분하게 넣었다는 소위 '친근한' 교본은 바로 그 점을 전면에 내세운다. 그러나 큰 글자나 삽화가 지면에 들어가면서 정보의 양이 희생된다. 그만큼 있어야 할 정보의 포괄성이 누락될 가능성이 있다. 차트나 표를 충분하게 실은 책 역시 쉽게 찾아볼 수 있다. 얼핏 보면 머릿속에 들어오기 쉽다고 느껴지는데 이것도 주의가 필요한 책이다.

'파인만 효과'라는 말이 있다. 리처드 파인만은 20세기의 대표적인 물리학자이다. 미국 코넬대와 캘리포니아 공과대에서 교수로 재직 중이었을 때 파인만 교수의 강의는 교묘한 화술과 친근감 있는 표현으로 학생들에게도 큰 인기였다고 한다. 그런데 막상 시험을 보니 학생들은 파인만 교수의 설명을 거의 이해하지 못했다는 결과가 나왔다. 그래서 알 것 같지만 실은 알지 못하는 현상을 가리켜 파인만 효과라고 부르게 되었다고 한다.

그림이 많이 들어간 책에서도 같은 현상이 일어나기 쉽다. 이러한 책은 시선을 확 끌어당기고 인상도 선명하게 남기 때문에 내용이 이해되는 듯한 기분이 든다. 그러나 막상 이 내용을 가지고 시험볼 때 자신만의 언어로 설명하려고 하면 실은 잘 몰랐음을 깨닫곤 한다.

확실하게 공부하려면 도표나 그림이 아니라 문장의 양이 많은 책을 고르는 편이 좋다. 상세하고 치밀한 정보를 얻을 수 있으면서도 비약 없이 논리를 따르기 위해서는 역시 문장이 제일이다. 문장이란 한 번 보고 곧장 머릿속에 들어오지 않는 심심한 전달 도구이기 때문에 오히려 7번 읽기 방법이 도움이 된다.

- ☑ 겉보기에만 쉬워 보이는 책에 현혹되지 말고, 빠짐없이 상세한 정보를 얻을 수 있는 책을 고르자.
- ☑ 엄선해서 기본 교재를 고르고 그것이 나에게 정답이라고 믿자.

11
예상 문제를 찍을 필요가 없는 7번 읽기

허를 찌르는 문제에 당하지 않는 법

나는 시험 전에 예상 문제를 찍어본 적이 없다. 예상이 빗나 갔을 때의 타격이 너무나 크기 때문이다. 예상 문제를 찍을 때는 '여기는 일단 나올 일이 없다'고 생각해서 전혀 손을 대지 않는 분야가 있다. 그러나 경험상으로는 허를 찌르는 곳에서 출제되는 문제가 드물기는 해도 반드시 있다.

예상 문제를 찍으면서 공부를 했다가 시험에서 허를 찔리게 되면 대응책을 전혀 준비하지 않았다는 정신적인 충격에 빠져 생각할 기력조차 잃어버린다. 중요한 시험을 앞둔 사람들 사이에서는 걸핏하면 '시험에 반드시 나오는 부분', '시험에 절대 나오지 않는 부분'이라는 정보가 나도는데, 여기에 거는 도박은 위험하다.

사법시험에서도 예상 문제라는 도박에 빠진 사람의 실패담을 이따금 전해 듣는다. 구 사법시험의 구술시험에서 떨어지는 사람은 거의 없었다. 구술시험은 대개 학설의 대립이 있는 주류 분야에서 출제되는 경향이라는 것이 당시의 정설이었다. 공부하는 사람들 사이에서는 비주류 분야의 대명사인 민법 과목 중 상속법은 일단 출제될 일이 없다는 말이 나돌았다. 그런데 절대 나올 리가 없다던 상속법 분야에서 시험이 출제된 해가 있었다고 한다. 새로운 사법시험이 시행된 초기에도 예상치 못한 분야에서의 출제가 잇달아 수험생의 말문이 막혔다고 들었다.

앞서 이야기한 것처럼 누구도 예상하지 않았던 비주류 분야, 즉 허를 찌르는 분야에서의 출제는 오히려 실전 시험이기 때문에 가능한 일이다. 학원에서 준비한 모의고사를 몇 번 치러보더라도 허를 찌르는 분야에서 출제되는 일은 없다. 그러나 학원 강의를 통한 대비가 아니라 수험생의 진정한 학력을 검증하겠다는 이유로 모의고사에서 볼 수 없는 문제를 내는 출제자가 분명 일정 수는 존재한다. 7번 읽기로 공부하면 모든 범위를 반복해서 접하기 때문에 실전에서 허를 찔리더라도 꼼짝없이 당하는 비극은 피할 수 있다.

나는 도쿄대에서 상위 3분의 1의 성적에 드는 것을 목표로 했다. 이때는 성적이 좋고 나쁨의 기복이 있는 것보다는 모든 과목에서 큰 실수를 하지 않는 것이 중요하다. 마찬가지로 예상 문제를 찍기보다는 오히려 허를 찔리지 않는 것이 매우 중요하다.

중요한 포인트는 반드시 길게 적혀 있다

한편 예상 문제를 찍지는 않더라도 중요한 포인트와 그렇지 않은 부분을 의식하면서 공부해야 한다고 말하는 사람이 있다. 사실은 거의 모든 사람이 그렇게 생각한다. 특히 요점을 잘 파악해야 된다고 한다.

중요 포인트를 예리하게 잡아내서 목표를 겨냥한 공부가 현명한 방법이라는 의견이다. 뒤집어 말해 요점 파악이 서툴다면 신경 써서 볼 부분과 가볍게 볼 부분을 구분하지 못해 공부에 요령이 부족하다는 생각으로 이어진다는 것이다. 그러나 요점 파악에는 그렇게까지 신경 쓰지 않아도 된다.

나는 책을 읽을 때 중요 포인트를 의식하는 일이 거의 없다.

책의 흐름을 따라 읽다 보면 자연스럽게 중요 포인트를 파악하면서 흐름을 타는 공부를 할 수 있기 때문이다. 처음에 요점을 파악하지 못하더라도 반복해서 읽으면 요점은 반드시 알게 되어 있다.

모든 책에는 저자의 의도가 반영된다. 저자가 확실히 전달하고자 하는 내용을 가지고 문장을 쓸 때는 역시 힘이 들어가는 법이다. 그러한 저자의 생각은 결과적으로 문장의 길이에 반영된다. 확실히 전달하고 싶은 내용을 한마디로 끝내는 저자는 없다. 분명 자세하고 친절하게 설명하고 싶을 것이다. 따라서 중요한 포인트는 길게 적혀 있다.

참고로 이는 책뿐만 아니라 말로 하는 수업에도 똑같이 적용된다. 도쿄대 재학 시절에 수업을 녹음한 테이프를 다시 들을 때도 교수님들은 중요한 내용은 긴 시간을 들여 설명한다는 사실을 깨달았다.

애쓰지 않아도 핵심이 파악된다

그렇다고 길게 적힌 부분이 중요하니까 힘을 주어 읽자는 말은 아니다. 힘을 주지 않더라도 아무런 지장이 없기 때문이다.

길게 적힌 부분은 당연히 오래 읽게 된다. 정보를 접하는 시간은 자동적으로 길어지고 그만큼 확실히 뇌에 새겨진다. 따라서 자기 임의로 '신경 써서 읽자', '여기는 건너뛰자'와 같이 내용마다 중요도를 따질 필요는 없다.

사람들 대부분은 중요한 포인트와 그렇지 않은 부분을 읽기 시작하는 단계에서 구분하려는 경향이 있다. 이는 애초에 잘못된 방법이다. 앞에서 설명했듯이 배경지식이 없는 단계에서 이해하기란 어려운 법이다. 중요 포인트라고 내가 밑줄을 친 부분이 반드시 정확하다는 보장이 없고, 거기에 낚여 공부하다가 흐름을 잘못 탈 수도 있다.

책의 내용을 가장 잘 이해하고 있는 사람은 저자이다. 그렇기 때문에 저자의 이해에 따라 그대로 자연스럽게 읽어나가는 방법이 자기 방식대로 표시한 중요 포인트보다 정확하다. 이는 당연한 귀결이라 할 수 있다.

읽기 횟수가 거듭되어 이해가 깊어지는 무렵부터 자신의 판단을 읽기에 반영한다. 자신이 얼마나 내용을 파악하고 있는지를 되돌아보고 이해가 약간 불충분하다 싶은 부분은 특히 신경 써서 천천히 읽도록 속도를 미세 조정한다.

즉 그때까지는 지극히 평범하게 책의 내용을 계속 훑어보기만 해도 상관없다. 책이 전하는 '중요', '약간 중요', '참고 수준'과 같은 정보의 중요도가 일반적인 통독을 반복하는 동안 자동적으로 책과 동일하게 머릿속에 새겨진다.

7번 읽기는 책을 그대로 두뇌 안에 인쇄하는 것과 비슷한 작업이다. 옅은 잉크로 인쇄를 7번 반복하면 점차 선명해진다. 거의 완성되었다면 인쇄된 결과를 가지고 미세 조정한다. 인쇄를 하는 감각으로 7번 읽기에 도전해보기 바란다.

- ✅ 요점을 파악하려고 의식할 필요는 없다. 7번 읽는 동안 요점은 반드시 떠오른다.
- ✅ 읽어나가면서 이해 정도에 따라 속도를 미세 조정한다.

12

읽기 단계별로 알아야 할 핵심 포인트

절대 이해하려고 하지 마라

 나는 항상 7번 읽기를 시작할 때 머릿속에 백지 노트의 이미지를 떠올린다. 머릿속 노트에 눈앞의 책을 통째로 한 권 복사하는 것이 목표이다.

 7번 읽기의 기본은 '이해하려고 하지 않고 술술 빠르게 읽어 나가기'인데, 매회마다 파악해야 할 사항에는 차이가 있다. 그 과정은 다음과 같다.

- **1번째** 처음에는 표제를 머릿속 노트에 옮겨 적는 감각으로 읽는다. 문장을 훑어보기도 하지만 그것보다는 주로 각 장의 제목, 항목별로 표제와 부제를 의식하면서 표제간의 관계를 파악한다. 이렇게 전체상을 대략적으로 감지한다.

- **2번째** 1번째 읽기를 통해 표제가 머릿속에 들어온 단계에서 책 전체를 훑어본다. 항목뿐만 아니라 더욱 세밀한 부분까지 읽는다. 이 단계가 끝나면 책에 어떤 내용이 어느 순서로 적혀 있는지 파악할 수 있다. 책 전체의 줄거리와 구조가 대부분 머릿속에 들어온다. '전반부는 총론과 배경, 중반부는 현황, 후반부는 향후 전망을 설명하고 있다'와 같은 이미지를 포착할 수 있다.

- **3번째** 이번 단계도 2번째 읽기와 기본적으로 방법은 같다. 즉 책 전체를 가볍게 훑어보는 단계이다. 2번째 읽기를 통해 줄거리를 알 수 있게 되었지만 아직은 어렴풋하게 아는 수준이다. 줄거리를 더욱 자세하고도 명확하게 만들기 위한 작업이 3번째 읽기이다.

1번째부터 3번째 읽기는 이후의 읽기를 위한 토대를 만드는 과정이다. 아직까지 의미를 확실히 이해하지 못했더라도 전혀 신경 쓸 필요는 없다.

머릿속에 점점 선명하게 그려지는 원리

● **4번째** 이제부터는 문장 속의 키워드를 의식하면서 읽는다. 자주 나오는 단어나 자세하게 설명되는 용어를 눈에 담아둔다. 그것을 이해하거나 외우려고 해서는 안 된다 '빈출 어휘', '자세히 적혀 있음' 정도로 확인하고 넘어가면 충분하다.

● **5번째** 방식은 4번째 읽기와 같지만 차이는 키워드와 키워드 사이의 설명문을 의식해야 한다는 점이다. 즉 키워드를 어떻게 설명하는지 확인하는 단계이다. 키워드와 키워드 사이를 연결하면 단락의 요지가 파악된다. 요지 파악은 책을 읽는 데 있어 가장 중요하기 때문에 4번째와 5번째 읽기 두 번에 걸쳐서 한다.

● **6번째** 이제부터는 디테일한 부분까지 읽는다. 법률가들이 읽는 책으로 치면 자세한 사례 설명이 전형적인 예이다. 어떤 판례에 대해 논점이 된 포인트와 주장은 요지이고, 주장의 근거가 된 다른 판결 사례에 관한 내용은 디테일에 해당한다. 그러한 부분을 의식하면서 책을 읽는다.

참고로 6번째 읽기 이후부터는 정답을 맞춰보는 감각으로 읽는 방식을 추천한다. 지금까지 5번의 읽기로 확인이 끝난 요지에 대해 '맞아, 이 키워드의 의미는 이거였지', '이 키워드와 이 키워드의 관계는 이거였어'와 같이 떠올리면서 읽어보자. 그렇게 하면 점차 이해에 근접해가고 있다고 실감할 수 있다.

- **7번째** 6번째 읽기가 끝나면 머릿속 노트에 책이 대부분 복사된 상태이다. 그러나 아직 선명하지 않기 때문에 7번째 읽기에서 확실히 정착시킨다. 머릿속에 조금 덜 들어온 듯한 내용은 해당 부분만 골라 읽으면 더욱 완전해진다.

1번째부터 3번째 읽기에 걸친 전체상 파악은 말하자면 윤곽선을 그리는 과정이다. 4번째와 5번째 읽기의 키워드 파악을 통해 윤곽선 안쪽에 개략적인 그림을 그린다. 6번째와 7번째 읽기의 내용 파악으로 윤곽선 안쪽의 그림을 더욱 상세하게 만든다. 여기까지 마쳤다면 그림이 완성되었다고 생각해도 좋다.

☑ 7번 읽기의 각 단계마다 공부의 포인트가 있다.
☑ 전체상 → 내용 → 세부 순으로 의식을 옮겨가면서 그림을 점차 선명하게 만들자.

13

'쓰기 공부법'을 추가하면 몸이 기억한다

소리 내지 말고 눈으로만 읽어라

여기까지 설명을 보고 정말로 읽기만 해도 괜찮은 것인가 하고 의문이 들지 모른다. 공부법이라고 한다면 읽기와 더불어 글씨 쓰기나 음독 등의 요소가 뒤따른다고 생각하기 때문이다.

그러나 책을 읽을 때는 묵독에 집중하는 것이 가장 좋다. 책을 읽을 때 음독을 해야 머릿속에 잘 들어온다는 의견도 있지만 음독은 오히려 역효과이다. 소리를 내어 읽으면 읽는 속도가 반드시 떨어진다. 시험 삼아 묵독과 음독으로 읽었을 때의 속도를 비교해보기 바란다. 만약 묵독과 음독으로 읽는 속도가 같다면 마음속으로 음독을 했을 가능성이 있다. 이 역시 결코 추천하지 않는 방법이다.

마음속으로 음독을 한다는 것은 열심히 읽어야겠다고 결심했을 때의 특징이다. 문장이 어려워서 이해되지 않거나 집중력이 떨어져 의미가 머릿속에 들어오지 않을 때, 열심히 이해해보겠다는 마음에 쫓겨 어떻게든 머릿속에 집어넣기 위해 마음속으로 음독하는 경향이 있다.

하지만 마음속일지라도 음독의 치명적인 단점은 읽는 속도를 떨어뜨린다는 데 있다. 거듭 설명하지만 천천히 한 번 읽기보다 두세 번의 훑어보기가 훨씬 머릿속에 정착되기 쉽다. 열심히 읽기보다는 이해되지 않는 부분에 신경 쓰지 말고 훑어보는 방법이 최종적으로 목표로 도달하는 지름길이라 할 수 있다.

7번 읽기는 이해하려고 하지 않는다는 점이 핵심이라고 설명했다. 단지 눈으로 한 번 보는 것만으로도 충분하기 때문에 음독을 할 필요가 없다.

게다가 정보가 들어오는 통로를 눈 한군데로 집중하면 결국 집중력을 향상시켜 책의 내용이 머릿속에 더 잘 들어오게 된다.

시너지를 일으키는 '쓰기'법

　7번 읽기 공부법에서 쓰기 기술은 어떻게 익힐 수 있을까? 시험은 대부분 쓰기라는 출력output이 필요하다. 7번 읽기를 하면서 쓰기를 조합한 연습을 하고 싶은 생각이 당연히 들 수 있다.

　실제로 7번 읽기 후반에 쓰기를 조합한 연습은 매우 효과적이다. 그러나 7번 읽기 초반에는 절대 쓰려고 하지 않는 것이 좋다. 읽기에 필요 이상으로 부담이 커지기 때문이다. 쓰기는 입력이 아닌 출력을 하는 작업이다. 그렇기 때문에 입력된 정보가 없는 단계에서 갑자기 쓰기를 하면 좀처럼 잘 되지 않는다. 속도만 더뎌지는 문제가 발생한다.

　우선 기본 교재 한 권을 통째로 옮겨 적는 필사는 매우 부담이 크기 때문에 중요 포인트만 쓰는 것이 핵심이다. 하지만 기본 교재를 읽은 적이 없는 단계에서는 어디가 키워드이고 요점인지 알 수 없다. 1번째부터 3번째 읽기는 아직 줄거리만 개략적으로 파악하고 있는 단계로 이해까지는 도달하지 못한 상태이다. 쓰면서 머릿속에 넣기에는 시기상조이다.

　쓰기는 읽기보다 부담이 되는 작업이다. 손과 도구는 물론 노력도 필요하다. 이러한 작업을 초반부터 하면 책을 훑어보는 속도가 극단적으로 떨어진다.

쓰기 작업은 출력적인 요소가 강한 만큼, 정답을 맞춰보는 단계인 6번째 읽기 이후부터가 바람직하다. 즉 읽기라는 입력 작업과 병행하면서 '이 부분의 요지는 이런 내용이지', '이 키워드의 의미는 이런 내용이야'와 같은 출력 작업이 더해지는 단계가 쓰기 작업과 잘 어울린다.

여기까지 왔다면 쓰기 동작은 머릿속에 확실히 정착시키기 위한 지원사격 역할을 수행한다. 특히 시험 전에 확실히 내용을 기억하고 싶을 때 쓰기 작업을 추가하면 좋다. 이것이 바로 읽으면서 쓰는 방법이다.

읽는 속도를 될 수 있으면 떨어뜨리지 않도록 지렁이 글씨라도 상관없으니 쓱쓱 날려 쓰도록 한다. 키워드나 눈에 띄는 어구를 무작위로 적어보자. 이때의 쓰기는 나중에 다시 보기 위한 필기가 아니다. 손을 움직여서 뇌에 정보를 확실히 정착시키기 위한 메모이니 나중에 버려도 상관없다. 설령 나중에 버리더라도 분명히 의미는 있다.

회의나 미팅 자리에서 메모를 하는 습관을 지닌 사람이 많다. 그러나 메모를 나중에 다시 보는 일은 의외로 적다. 메모를 하는 효과는 나중에 다시 확인하려는 목적보다는 손을 움직여 내용을 뇌에 각인시키는 데 있다.

손을 움직이는 행위는 두뇌 활성화에 큰 효과가 있다고 알려져 있다. 반복해서 읽기를 통해 80% 정도 이해한 단계에서 쓰기 작업을 하면 내용 파악이 더욱 분명해지고 기억에 확실히 새길 수 있다.

> ☑ 초반 작업은 가볍게 읽기에만 집중하고, 쓰기 작업은 후반에 하면 효과적이다.
> ☑ 쓰기 공부법을 병행하면 공부 내용이 뇌에 각인된다.

14
자문자답을 반복하면서 뇌에 각인시키자

능동적 읽기로 뇌를 작동시킨다

　나는 기본 교재라면 7번 읽기 과정을 거치고 나서도 여러 번 더 읽는다. 아직 이해가 충분하지 않다고 생각할 때 읽기도 하지만, 주로 내가 파악한 이미지에 잘못된 점이 없는지를 확인하기 위한 목적이다. 추가적인 읽기를 할 때도 마찬가지로 통독을 한다. 그러나 읽는 자세는 처음 읽을 때와 크게 다르다.
　1번째부터 3번째 읽기 방식이 완전히 수동적이라고 한다면 7번째 이후 읽기 방식은 능동적이라고 할 수 있다. 머릿속에 그저 정보를 흘려 집어넣던 처음과는 달리 '이렇게 이해하면 될까?', '그래, 이걸로 됐어'라고 자문자답을 하면서 읽는다.

읽기 횟수가 증가함에 따라 수동적 읽기에서 능동적 읽기로 점층적인 변화가 이루어진다. 앞에서 6번째 읽기 이후엔 정답을 맞춰보는 감각으로 읽어야 한다고 설명했다. 6번째 읽기부터 조금씩 확인 작업을 시작해서 점점 그 감각을 강화시켜가는 느낌으로 읽는 것이다.

이 용어의 뒤에는 이러한 예시로 설명이 되어 있을 것이다.
→ 역시 그랬다!
이 개념에는 세 가지 의의가 있을 것이다. → 역시 그랬다!

이렇게 묻는 횟수를 거듭할수록 '역시'라는 대답이 많아지는 것을 실감할 수 있다. 바로 인지가 이해로 바뀌는 과정이다.

7번 읽기는 기계적으로 글자를 머릿속에 옮기기만 하는 작업이 아니다. 통독을 하는 중에도 의식하지는 않지만 사고는 정확하게 작동하면서 정보를 계속 정리하고 있다. 이러한 과정은 다음번 읽기에서 '이것인가?' 하는 예상을 만들어내고, 읽으면서 '역시'라는 말이 나오게 된다. 이렇게 얇은 종이를 포개듯 조금씩 정보를 받아들이며 '이것인가?'와 '역시!'와 같은 자문자답을 반복해보자.

이는 바로 자신의 머리로 생각하는 것이다. 7번 읽기는 이해에 도달하기까지의 스트레스를 최소한으로 억제하면서 확실히 자신의 뇌를 작동시키는 방법이기도 하다.

반복하면서 생겨나는 해석력과 적용력

7번 읽으면 머릿속에 들어온다고 설명했는데, 나라고 해서 읽은 책의 세밀한 구절까지 그대로 재현할 수 있는 것은 물론 아니다. 7번 읽기는 통암기와 다르다. 통암기라고 하면 주로 수험생이 하는 주입식 공부가 연상될 것이다. 왠지 알지 못하는 상태에서 글자만 외운 것 같은 부정적인 이미지가 뒤따른다.

나도 물론 방대한 정보를 주입하는 공부를 늘 해왔다. 그러나 내용을 파악하지 않은 채 암기만 한 적은 없다. 예를 들어 나는 역사 공부를 할 때 연도를 외우기 위한 숫자 암기법을 쓰지 않았다. 역사라는 이야기의 흐름에서 동떨어지게 사건과 연도만을 외우는 방식은 그다지 의미도 없고 지루한 작업이다.

역사는 하나의 흐름 속에 문맥으로 파악해야 의미가 있다. 숫자 암기법만으로 대응할 수 있는 시험 문제는 거의 없다. 공부할 때는 늘 내용과 직결되는 설명 이외에는 보지 않으려고 한다. 뒤집어 말하면 내용을 따르지 않는 표면적인 통암기는 하지 않겠다는 자세이기도 하다.

7번 읽기는 내용을 직접적으로 설명하는 한 종류의 문장을 반복해서 훑어보고 확인을 거듭하며 자신의 머리로 이해하는 방법이다. 처음에는 표면적으로 글자를 쫓아가면서 그대로 복사하는 작업이기 때문에 분명 '따라하기'에 지나지 않는다. 그러나 인지가 이해로 진행되면서 '따라하기'에서 벗어나 자기 나름대로 재구축할 수 있는 힘을 익힌다.

기본 교재에 적혀 있는 이론에서 유추하고 '이론의 요지는 이게 아닐까?'라고 하는 나름대로의 가설을 세울 수 있게 된다. 반복해서 읽기를 통해 이러한 해석력·적용력을 몸에 익힐 수 있다는 점이 7번 읽기의 강점이다.

- ☑ 읽기를 거듭할수록 인지가 이해로 바뀐다.
- ☑ 반복하는 작업은 내용을 깊이 있게 파악할 수 있는 적용력을 몸에 익도록 한다.

3장
7번 읽기 공부법을 위한 마인드 컨트롤

15

지금 당장
책상 앞에 앉는 것부터
시작하라

공부는 미뤄서 될 일이 아니다

 시험을 앞두고 '시간이 없으니 오늘 하루 충실하게 공부하지 않으면 안 돼!'라고 생각하는 날이 있다고 치자. 그날 아침 당신이라면 무엇부터 시작하겠는가?

 '우선은 잠을 깨야 하니까 커피나 홍차를 마셔야겠다.'

 그렇게 생각해서 물을 끓이는 것은 이상적인 시작이라고 할 수 없다. 의욕에 시동을 걸고 싶다면 '일단 책상 앞에 앉는다'가 정답이다.

나는 시간이 아까워서 공부에 집중해야 하는 날에는 아침에 일어나면 워밍업 같은 것은 생각하지 않고 곧장 책 읽기부터 시작한다. 비몽사몽이라도 일단 책상 앞에 앉아 책을 펼친다. 아직 정신이 멍하고 책 내용이 머릿속에 잘 들어오지 않을 때도 있지만 그래도 공부하는 시늉이라도 하는 것이다. 5분 정도 책을 읽고 난 시점에 물을 끓이기 위해 자리에서 일어난다. 물을 끓이는 동안에도 책을 읽는다. 물이 끓으면 커피를 타 마시면서 또 책을 읽는다.

이 방법이라면 워밍업과 공부를 동시에 할 수 있다. 일단 책상 앞에 앉는 행위는 마음을 통제하는 데도 유익하다. 책상 앞에 앉는 대신 물을 끓이는 것부터 하루를 시작했다고 상상해보기 바란다. 물을 끓이고 커피를 타서 마시는 동안 당신은 무슨 생각을 하고 있을까? '빨리 시작해야 하는데……'라고 생각하고 있지는 않을까?

이는 마음속에 공연한 부담이 생긴 상태이다. 시작해야 한다는 압박감은 우리를 생각보다 무겁게 덮쳐누른다. 압박감은 어떤 일을 시작하기 위한 결심을 오히려 약하게 만든다. 당신도 잔뜩 쌓여 있는 업무를 보면 오히려 착수할 엄두가 나지 않을 때가 있지 않은가? 반쯤은 졸더라도 책상 앞에 앉는 시늉부터 시작해본다면 압박감에 사로잡히는 일은 없다.

동기부여를 위해서도 요령이 필요하다

아침에 일어나서 바로 공부하는 대신 커피를 마시는 동안에 느끼는 초조함은 죄책감이라고 바꿔 말할 수 있다. 이러한 죄책감은 매우 성가신 존재이다. '내가 지금 뭘 하고 있는 거지?', '이런 걸 하고 있을 때가 아닌데'라는 생각이 들면 공부를 시작하는 것이 실제보다도 힘들게 느껴져 점점 더 하고 싶지 않아진다.

이때 공부를 뒤로 미루면 죄책감은 더욱 증폭된다. 이렇게 되면 완전히 악순환에 빠진다. 공부해야 한다는 초조함이 더욱 공부를 귀찮게 만드니 아이러니하다. 일단 책상 앞에 앉는다는 의미는 공부라는 행위 자체보다도 악순환을 발생시키지 않는 데 있다. 이러한 마인드 컨트롤이 능숙한 경우와 서툰 경우에 따라 공부의 효과가 크게 차이난다.

이번 장에서는 공부를 할 때 생기기 쉬운 '마음의 벽'에 대한 올바른 대처와 동기부여를 유지하는 방법을 설명한다.

동기부여를 유지하는 비결에는 두 가지 방향성이 있다.

하나는 죄책감과 같은 마음의 부담을 될 수 있으면 가볍게 하는 것이다. 꺼림칙함, 자책, 초조함이라는 부정적인 감정은 공부를 실제보다도 힘들고 어려운 의무로 보이게 만든다. 이러한 감정들을 초기화하면 공부의 괴로움은 최소한에 그치고 의기소침해지는 것을 막을 수 있다.

다른 하나는 적당한 압박감을 스스로에게 주는 것이다. 자신을 짓뭉개버릴 정도로 무거운 압박감이 아니라 어디까지나 '적당한' 정도의 압박감을 주는 것이 요령이다. 예를 들어 노력하면 달성할 수 있는 목표나 마감 시한, 지킬 수 있는 범위에서 규칙을 만드는 것이다. 이 정도의 적당한 압박감은 추진력에 도움이 된다.

위 두 가지를 잘 조합해서 의욕을 유지시켜보자. 공부를 원활하게 진행하는 데 도움이 되면서 자기 관리 능력도 익히는 일석이조의 방법이다.

☑ 공부를 뒤로 미룰수록 죄책감이 증폭된다.
☑ 능숙한 마인드 컨트롤로 공부에 대한 괴로움을 최소한으로 억제하자.

16
계획은 세밀하게 세울수록 마이너스다

완벽한 계획은 있을 수 없다

'며칠 내로 여기까지 진도를 빼자.'
'오늘은 이걸 끝내고 내일은 이걸 공부하자.'

이렇게 세밀한 계획을 세우는 사람이 있다. 시간 단위는 물론이고 분 단위 계획까지 다이어리에 적는 사람도 있다. 계획 세우기를 원래 즐겨하는 사람이라면 물론 계속해도 좋다. 계획을 짜면서 느끼는 즐거움이 그 일을 해내려는 동기부여로 이어지는 면도 분명 존재한다.

그러나 만약 '일단 계획은 세워 놓아야지'라는 이유로 내키지도 않는데 다이어리 앞에서 씨름하고 있다면 계획 세우기는 곧장 그만두어야 한다.

나는 공부를 할 때 엄밀한 계획을 세워본 적이 없다. 계획 세우기에는 그다지 의미가 없다고 생각한다. 가끔씩은 부정적인 느낌까지 받는다. 이유는 두 가지다.

첫 번째 이유는 계획을 세우는 작업에 시간이 걸린다는 점이다. 세밀하게 예정을 짜면 짤수록 시간 낭비가 늘어난다. 두 번째 이유는 애초에 계획을 세웠던 대로 지켜질 수가 없다는 점이다. 여유를 고려해서 짜둔 계획일지라도 반드시 지연이 생긴다. 생각지 못한 곳에서 시간이 걸리고, 급한 용건이 생기고, 몸 상태가 나빠지는 등 예측할 수 없는 사태로 예정된 계획은 점차 뒤로 밀린다.

그렇게 되면 여느 때처럼 마음속 괴물이 이빨을 드러낸다. 바로 죄책감이다. '왜 나는 정한 대로 실행할 수 없을까'라고 끙끙 고민한다. 동기부여 향상이라는 관점에서 보면 치명적인 단점이다. 그렇지 않아도 계획 관리는 성공 경험으로 이어지기 어려운 면이 있다.

예정대로 행동에 옮기기란 생각보다 어렵다. 어떻게든 예정에 맞추기 위해 휴식 시간을 쪼개가며 마무리를 지어야 할 때도 있다. 하지만 그것은 결국 예정대로 했다는 것에 불과하다. 간신히 기준점에 맞춘 것이다. 잘해냈다고 자신을 칭찬해줄 만한 요소가 없다.

반대로 조금이라도 늦을 것 같으면 감점 요소가 된다. 즉 계획 관리는 잘못된 점만 찾아내어 점수를 깎는 감점 평가법이 되기 쉽다. 이와 같은 감점 평가법의 구조에서는 충실감을 얻기 어렵거니와 의욕을 발휘하기도 힘들다.

공부할 수밖에 없게끔 만들어라

"그렇지만 전혀 아무런 계획도 짜지 않고 공부를 진행하는 것은 무리 아니에요?"

이러한 의문이 생겨날 것이다. 공부 계획을 세우지 않은 내가 어떻게 공부를 진행할 수 있었는지에 대해서는 사실 간단한 해결책이 있다. 바로 외압을 이용하는 것이다.

스스로 계획을 세우고 지키고자 하는 것은 내압, 즉 자기 안에서 완결되는 약속이다. 누군가에게 감시받지 않고 자기 혼자서 통제해야 하는 종류의 약속이다. 반면에 외압은 자기 이외의 다른 무엇 또는 누군가와의 약속이다.

예를 들어 자격시험을 치를 때를 생각해보자. 시험이 반년 후에 있다고 치면 시험일부터 오늘까지를 거꾸로 계산한다.

'3개월 후에는 여기까지 할 수 있게 공부해둬야지.'

'1개월 후에는 여기까지.'

'그러니까 오늘부터 1주일 동안은 교재를 몇 페이지까지 끝내야 해.'

이렇게 예정을 짠다면 내압적인 방법이다.

반면에 나는 시험 당일까지의 모의고사 일정을 확인하고, 오늘부터 치를 수 있는 모든 모의고사를 접수한다. 이때 모의고사가 외압의 역할을 한다.

접수를 하고 나면 모의고사까지는 평소대로 7번 읽기나 7번 풀기를 하면서 공부한다. 그리고 시험일이 되면 현재 준비 상태와 상관없이 응시한다.

준비가 부족했다면 좋든 싫든 비참한 성적표를 받아들 것이다. 결과적으로 '이 모의고사까지는 분발하자', '다음 모의고사까지 분발하자'라고 마음을 먹게 되니 효과적인 외압이 되는 셈이다.

내압적인 방법으로 계획을 완수하겠다면 강력한 의지력이 필요하다. 의지력이 약해 좌절하고 침울해지기보다는 외압을 이용하는 쪽이 쉽게 효과를 볼 수 있다.

- ☑ 자기 혼자서 세운 계획은 여러 가지 변수들로 지키기 어렵고 이는 좌절을 초래하기 쉽다.
- ☑ 자기 외부와의 약속을 만드는 것이 계획을 완수하는 좋은 방법이다.

17

'자신과의 약속'을 깨뜨리지 않는 기술

규칙에는 빠져나갈 구멍을 만들어놓자

앞에서 설명한 대로 나는 시간과 기간마다의 달성도에 관해서는 엄밀한 계획을 세우지 않는다. 한편 하루를 보내는 데 있어서 생활상의 규칙은 세밀하게 만든다.

규칙을 정할 때의 요령은 구체성이 있어야 한다는 점이다. 규칙을 애매하게 만들어두면 어디까지가 허용 범위인지 판단이 서지 않을 때 결국 조금씩 규칙을 지키고 있다는 쪽으로 허용하기 때문이다.

예를 들어 '아침 일찍 일어나기'가 아니고, '아침 6시에 일어나기'라고 해야 한다. 'TV는 될 수 있으면 보지 말기'가 아니고 '양치질하는 동안에만 보기'라든지 '하루 1시간 이내로 보기'처럼 해야 한다. 이처럼 노력이나 인내의 기준을 정성적이 아닌 정량적으로 정확하게 만들어둔다면 규칙은 확실히 효력을 발휘할 것이다.

규칙에 빠져나갈 구멍을 만들어두는 것도 중요하다. 인간은 원래 강한 의지를 지니고 살아갈 수 있는 존재가 아니다. 너무 엄격한 규칙을 강요받는다면 압박감에 짓눌려버리고 만다. 목표는 도저히 달성할 수 없을 듯한 원대한 것이 아니라, 조금 노력하면 할 수 있을 정도로 설정해야 한다. 규칙도 마찬가지로 지나치게 엄격하게 만들지 말고 어딘가에 빠져나갈 구멍을 마련하는 것이 요령이다.

사법시험·국가공무원 시험한국의 '행정고시'이 해당을 앞두고 맹렬하게 공부하고 있을 무렵에도 나는 친구와 논다는 예외를 스스로에게 허락했다. 하지만 여기엔 '내가 먼저 놀러 가자고 제안해서는 안 된다'는 규칙이 있었다. 이 문장만 보면 매우 금욕적으로 보이겠지만 실은 이면적 의미가 있다. 내가 먼저 놀러 가자고 해서는 안 되지만, 친구가 놀러 가자고 제안하면 응해도 좋다는 뜻이 숨어 있는 것이다.

절대로 깨면 안 되는 규칙은 깨버리는 순간 어떻게 되든 상관없는 것이 된다. 한번 규칙에서 벗어났음에도 다시 원래 길로 돌아가려는 마음이 좀처럼 생기지 않는다. 그래서 한번 규칙을 깨면 점점 브레이크가 듣지 않는다. 완전히 경직된 규칙이 아니라 어느 정도 여유를 남겨둔 유연한 규칙을 만들어두는 것이 오히려 규칙을 깨지 않는 요령이다.

스스로를 다그치는 것은 최악이다

물은 낮은 곳으로 흐른다는 말이 있듯이 사람의 마음 역시 편한 쪽으로 흘러가는 법이다. 물이 한없이 흘러가 떨어지는 일이 없도록 사람의 마음에도 적절한 타이밍과 장소에 제방, 즉 규칙을 설치할 필요가 있다.

명확한 기한을 정하는 것이 한 가지 방법이다.

꼭 그렇게 하지 않는다고 해도 '목표를 달성하면 규칙 같은 건 전부 없애겠다! 하루 종일 누워 있어도 되고, TV나 만화책을 실컷 봐도 된다!'라고 반복해서 자신을 다독이는 일도 중요하다. 엄격한 규칙도 언젠가는 끝나게 되고 괴로움 뒤에는 궁극의 즐거움이 기다리고 있기 때문에 더욱 지킬 마음이 생겨나는 것이다.

규칙을 깨버렸을 때의 대처 역시 중요하다. 예를 들어 '낮잠은 30분 이내'라는 규칙을 정해두었는데, 알람을 맞춰두고 잠깐 눈을 붙였지만 알람을 무시한 채 2시간 숙면하고 일어났을 때를 생각해보자.

이 상황에서 흔히 빠져들기 쉬운 생각이 '마이너스 계산'이다. 시간과 에너지를 손해보았다는 생각이다.

'이 교과서를 읽었어야 했는데!'

'30분에 2시간 마이너스니까 1시간 반을 손해 봤어!'

'허비한 시간을 어딘가에서 만회해야 해!'

이러한 사고방식이 그다지 건전하다고는 할 수 없다. 허비한 1시간 반을 만회하기 위해 그날 밤 자지 않고 공부하더라도 다음 날에 피로가 남아 집중력이 떨어져 결국 지연된 시간을 만회하지 못할 가능성이 크다.

마이너스가 된 1시간 반은 아무리 발버둥을 쳐도 되돌릴 수 없다는 것을 알아야 한다. 그렇지 않아도 공부가 힘든데 자신을 칭찬하지는 못할망정 오히려 탓해버린다면 정신건강상으로도 매우 좋지 않다.

규칙을 깼을 때는 그것을 곱씹으면서 고민하지 말아야 한다. 손해를 본 상태로 시작하는 대신 '오래 잔 덕분에 상쾌해졌어!'라고 긍정적으로 생각하자.

할 수 있었는데 하지 못했다는 과거의 생각보다는 이제부터 무엇을 할 수 있을지를 찾아보는 미래지향적인 생각이 동기부여 유지로 이어진다.

☑ 어느 정도 유연한 규칙이 오히려 깨지지 않는다.
☑ 마이너스 계산을 하며 실패를 후회하기보다 이제부터 할 수 있는 일을 생각하자.

18

집중력이 떨어져도
계속 공부할 수 있는 비법

공부하면서 쉰다

공부하면서 집중력이 떨어졌다고 느낀 적이 있을 것이다. 그러나 집중력이 떨어졌다는 것에 필요 이상으로 신경 쓸 필요는 없다. 집중되지 않는다고 의식하다 보면 더욱 집중력이 떨어지는 데다 또다시 죄책감의 습격을 받기 때문이다. 원래 인간의 집중력은 그렇게 오래 지속되지 않는다.

집중력이 몇 분까지 지속되는지에 대해서는 여러 가지 설이 있는데, 90분이나 40분처럼 모두 짧은 시간이라는 설뿐이다. 경험상으로 하루의 총 집중 시간을 따져보면 휴식을 포함해도 8시간이 최대치이다. 아무리 촉박하더라도 그 이상 집중력을 유지하기란 애초에 무리라는 이야기이다.

나는 대학 입시를 준비할 때 14시간, 사법시험을 준비할 때 19시간 반이라는 긴 시간을 공부에 투자했다. 그렇다고 공부하는 시간 내내 집중한 줄 알았다면 큰 오해다. 문장을 눈으로 쫓기만 할 뿐 읽지 않는다거나 전혀 머릿속에 들어오지 않는다고 느끼는 것이 일상이었다. 그렇지만 나는 '어쨌든 계속한다'고 생각했다.

집중력을 만회하려고 노력하는 것이 아니다. '책상 앞에 앉아서 책을 펼치고 페이지를 넘기는 행위'를 그저 계속하는 것이다.

"공부를 멈추고 좀 쉬면 안 돼요?"

당연히 이러한 의견이 나올 수 있다. 시험을 1주일 앞둔 때처럼 엄청나게 촉박한 상태가 아니었다면 나도 그 조언에 따랐을 것이다. 그러나 멈추고 쉬는 것도 일종의 용기이다. 특히 촉박할 때는 공부가 신경 쓰여서 몸은 쉬어도 마음은 쉬지 못하고 생각은 마이너스 계산으로 빠져들기 쉽다.

멈추고 쉬는 방법은 의외로 사람을 가린다. 재충전을 위해 TV나 인터넷을 보거나, 음악을 듣거나, 산책을 하거나, 단지 멍하니 있거나 할 때 그 시간을 만끽할 수 있는 사람이라면 아무런 문제가 없을 것이다. 반면에 휴식 시간 내내 '이런 걸 하고 있을 상황이 아닌데'라고 걱정하는 유형의 사람이 있다. 나는 후자에 속한다.

이때는 단호하게 '어쨌든 계속하는 것'도 한 가지 방법이다. 다만 집중되지 않는 것에 전혀 신경 쓰지 않는다. 원래대로라면 쉬고 있을 시간이기 때문에 내용이 머릿속에 들어오지 않더라도 문자 정보를 시각적으로 파악하는 것이 휴식보다 더 낫다. 쉬는 대신에 노력하는 내 모습에서 대견함도 느낀다.

될 수 있으면 자신을 긍정적으로 평가하면서 집중이 되지 않아도 계속 공부하는 약간은 무식한 방법이다. 이는 심리적인 면까지 고려하고 보살핀다는 차원에서 쓸 수 있다.

피곤할 틈 없이 공부에 변화를 주자

'어쨌든 계속하는 것'에도 어느 정도 아이디어는 내볼 수 있다. 이미 오랜 시간 동안 같은 공부를 해서 질렸을 때 대체로 집중하지 못한다. 그때는 변화를 주는 방법이 효과적이다.

첫 번째는 혹사한 신체 기관을 바꾸는 방법이다. 오랜 시간에 걸쳐 뭔가에 집중했을 때 피로가 쌓이는 부분은 기본적으로 하나의 신체 기관에 집중된다. 책을 읽거나 컴퓨터 화면을 계속 보면 눈이 피곤해지고 뭔가를 계속 쓰면 손이 피곤해진다. 하지만 나머지 신체 기관은 피곤하지 않다. 눈이 피곤해졌다면 다음에는 귀를 사용하고 귀가 피곤해졌다면 손을 사용하는 식으로 사용하는 신체 기관을 옮겨보자.

나는 책을 읽다가 피곤해졌을 때 어학 연습용 오디오북을 듣거나 영어 문장을 소리 내어 읽는다. 지나친 피로 누적을 방지하는 방법이다. 공부하면서 기분 전환까지 할 수 있다.

두 번째는 장소를 바꾸는 방법이다. 도서관에서 공부해서 피곤하더라도 집에 돌아와보면 공부를 계속할 수 있게 되기도 한다. 반대로 집에서 공부하다가 막힌다면 도서관에 가보는 것도 좋다.

세 번째는 교과목을 바꾸는 방법이다. 대학 입시 과목에는 국어·수학·영어·사회·과학 등이 있다. 또 사회 과목 중에는 세계사·국사·지리 등 세부 과목이 있다. 공부하다가 질리면 얼마든지 다른 과목으로 바꿀 수 있다. 이는 신체 기관을 바꾸는 방법과도 연결된다. 수학 문제를 풀다가 피곤해지면 영어 듣기를 시작하면 좋다. 이렇게 하면 혹사시킨 신체 기관도 바꿀 수 있으니 일석이조가 된다.

마지막 기분 전환 방법은 어차피 해야 하는 일을 하는 것이다.

아무리 바쁘더라도 어차피 밥은 먹어야 하고 목욕은 해야 한다. 나는 아무리 바쁘더라도 엄마에게는 전화를 건다. 참고로 혼자 살기 때문에 공부 기간 중이더라도 청소나 빨래는 스스로 해야 한다. 따라서 공부할 기분이 나지 않는 순간에 어차피 해야 하는 일상의 일들을 끝내버리는 것도 나름대로 매우 효과적인 기분 전환 방법이다.

- ✅ 공부가 잘 안 될 때는 '어쨌든 계속하는 것'도 하나의 방법이다.
- ✅ 집중이 되지 않고 피곤할 때는 다양한 변화를 통해 기분 전환을 하자.

19
약한 것부터 해치우는 것이 전략이다

불안감이 커질수록 공부가 힘들어진다

　나는 학창 시절 시험공부를 할 때 항상 불안 요소가 가장 많은 과목이나 약한 과목부터 시작했다. 만약 다른 과목부터 시작한다면 남아 있는 불안한 과목이나 약한 과목이 마음에 걸려 계속 안정되지 않기 때문이다.
　불안감이란 해소되지 않은 채로 방치하면 시간이 지날수록 커져가는 성질이 있다. 다른 과목부터 공부하기 시작했다가 마지막에 불안한 과목이나 약한 과목을 공부하려고 했다면 싫어

하는 과목에 도달하기도 전에 우울함은 절정에 이른다. 불안한 과목이나 약한 과목에 대한 심리적 허들은 자꾸 높아지기만 할 뿐이다.

불안한 과목이나 약한 과목을 방치해두는 것은 점점 커져가는 불안감, 우울함과 함께 하루를 보내는 것과 마찬가지이다. 하루가 모두 지나가버려 불안감이 해소되지 않은 채로 잠들었다가 상쾌하지 않은 아침을 맞이할 때도 있다. 그렇게 우울함을 맛보느니 차라리 싫은 것부터 시작하는 편이 오히려 마음에 부담이 적다.

불안하거나 약한 일부터 손을 대는 것이 실은 가장 부담이 적은 방법이다. 약하다고 느낄수록 먼저 착수해서 적을 파악해야 한다. 공격은 최고의 방어라는 말은 공부에도 적용된다. 이렇게 약한 과목을 해치우고 나면 심리적으로 홀가분해지고, 계속해서 공부해나가는 것이 쉬워진다.

- ☑ 공부는 불안한 과목부터 시작하는 것이 마음에 부담이 적다.
- ☑ 해야 할 공부를 뒤로 미룰수록 더 어렵게 느껴지는 것이 당연하다.

20

목표가 분명할수록
공부 의지가 확고해진다

목표는 구체적으로 정한다

마인드 컨트롤을 설명하는 이번 장의 마지막으로 목표에 대해 이야기하고자 한다. 목표는 동기부여를 유지하기 위해 가장 중요한 원동력이다. 목표가 없으면 애초에 공부할 필요성도 생기지 않기 때문이다.

사람이 고생하고 노력한다는 것은 분명 뭔가를 목표로 삼았다는 뜻이다. 그러한 노력이나 분발을 굳건하게 만들기 위해서는 목표를 가능하면 구체적으로 정해둘 필요가 있다. 언제까지 무엇을 할 것인지, 어째서 목표로 하는지를 자기 안에 확고하게 언어화해두자. 내용이 명확할수록 동기부여도 향상된다.

자격시험이나 승급 시험 등을 목표로 하는 사람이라면 목표 설정은 간단하다. 문제는 '이대로는 안 돼. 뭐라도 하고 싶어'라면서 애매한 초조감 속에 머물러 있는 사람이다. 성적이 좋지 않은 학생이나 업무상으로 뭔가 조금 아쉽게 비약하지 못하고 있는 직장인 중에는 이러한 생각에 사로잡혀 있으면서도 노력을 시작하지 못하는 사람이 있다. 무엇을 어떻게 발전시켜나갈지가 정해지지 않아 공부를 할 방법이 없기 때문이다.

이러한 유형의 사람은 향상심에 방향성을 정할 필요가 있다. 이때는 자신에 대한 평가를 의식해보기 바란다. 자신이 어느 정도의 평가를 받고 있는지가 밝혀지면 무엇을 강화해야 좋을지 가려낼 수 있다.

학생이라면 시험이라는 알기 쉬운 지표가 있다. 현재 점수가 60점이라면 다음번에 70점 이상을 받겠다는 식으로 목표 설정을 할 수 있다. 사회인은 학생과 달리 시험처럼 평가가 수치화되지 않는다. 그러한 가운데 막연하게 세월을 흘려보내는 사람도 있을 것이다. 그러나 실제로 사회인은 학생 이상으로 빈번하게 평가의 기회에 노출되는 법이다. 우선 그러한 사실을 의식하는 것이 중요하다.

목표를 공개함으로써 자신을 다잡는 효과

사회인의 평가를 좌우하는 순간의 태반은 '출력'에 있다. 어떤 발표를 했는지, 어떤 자료를 작성했는지, 어떤 기획을 냈는지 등 자신의 능력을 밖으로 꺼내어 주위에 도움이 되어야 높은 평가로 이어진다. 자신이 낸 성과물을 다른 사람과 접촉시키는 순간이라고도 바꾸어 말할 수 있다.

그렇게 생각하면 출력의 기회는 어디에 있는지가 보이고 결과적으로 노력할 부분도 보인다. 예를 들어 회의를 할 때는 발전성이 있고 도움이 되는 발표를 할 수 있도록 하고, 무지가 드러나지 않도록 확실히 준비를 해야 한다. 그렇게 생각하면 '최근 수년 간 소비자의 동향에 대한 자료를 내일까지 재검토해두자'라는 식으로 구체적인 목표가 정해지면서 무엇을 공부해야 하는지가 보인다. 이렇게 작은 목표를 반복해서 달성하는 동안 점차 커다란 목표를 설정하는 동기부여가 생겨난다.

약간 규모가 큰 목표가 생겼을 때는 주위에 공언하는 것이 효과적이다. 그렇게 함으로써 '달성하지 못하면 부끄럽다'라는 마음이 생겨나 노력할 수밖에 없기 때문이다. '실패하면 부끄럽다'라는 말을 뒤집으면 '성공하면 칭찬받는다'라는 의미가 된다. '토익 시험에서 800점을 받으면 모두들 깜짝 놀라겠지?'처럼 긍정적 이미지를 환기시켜 동기부여로 이어가는 것도 좋은 방법이다.

실제로 목표를 달성했을 때 주위에서 보내주는 축복과 칭찬은 매우 큰 힘을 지니고 있다. 이러한 성공 경험은 다음 도전을 계획하는 원동력이 되기도 한다. 동기부여를 향상시켜가기 위해서는 주위 사람들을 의식하며 때로는 주위의 힘을 빌리는 것도 매우 중요하다.

- ☑ 향상심에 방향을 정하고, 구체적인 목표를 세우자.
- ☑ 주위에서의 평가를 의식하는 것이 향상심이나 동기부여의 발화점이 된다.

4장

합격의 신으로 만들어준
7번 읽기 공부법

21

공부는 '나를 위해 하는 것'이라는 깨달음

라이벌보다 조금 앞서는 것부터

생각해보면 나는 초등학교 고학년 때부터 '공부 잘하는 아이'라는 말을 들어왔던 것 같다. 그렇다고 나에게 특출하게 뛰어난 재능이 있다고는 생각하지 않는다. 앞서 말했듯이 가끔씩 내가 대단하다는 생각이 들 때면 꼭 금세 꽁지를 내리는 마당에 하물며 천재라는 말은 당치도 않다.

그러한 자기 인식이 바탕에 있었기 때문인지 나는 주위 친구들보다 월등하게 우수한 성적을 받으려고 하지는 않았다. 다만 항상 의식적으로 다른 누군가보다 조금 앞서 가는 것을 목표로 삼았다.

예전부터 조금 앞선 라이벌을 늘 의식했다. 지고 싶지 않은 존재가 나와 별 차이 없이 가까이에 있는데 압도적인 차이로 간격을 벌리며 이기는 것은 꿈에도 생각할 수 없었다. 그보다는 정말 작은 차이라도 좋으니 내가 정한 상대보다 앞서 가기 위해 노력했다. 환경이 바뀔 때마다 그러한 노력을 반복해왔다.

말하자면 높낮이 차이가 작은 계단을 한 칸씩 오른 셈이다. 높낮이 차이가 작더라도 한 칸씩 꾸준하게 수년 간 계속해서 오른다면 결과는 반드시 나온다.

내 인생 최초의 라이벌은 한 살 터울의 여동생이었다. 동생 입장에서는 태어났을 때부터 언니가 있었을 테니 언니라는 존재가 자연스러워서 라이벌이라고 의식하지는 않았던 모양이다. 반면에 동생이 태어나기 전까지 외동딸이었던 나는 동생이 생애 최초의 라이벌이었다. 나는 언니로서의 체면을 지키기 위해 열심히 노력했다.

처음에는 동생보다 잘하기 위한 노력을 공부에만 기울이지는 않았다. '역시 언니네!'라는 칭찬을 받고 싶던 나는 언니답게 모든 면에서 동생의 모범이 되는 존재가 되어야 한다고 생각했다. 그러나 비장한 결의는 의외의 곳에서 벽에 부딪혔다.

초등학교 저학년 때의 일이다. 운동이 서툴렀던 나는 철봉 거꾸로 오르기가 좀처럼 잘되지 않아서 매일매일 열심히 연습하고 있었다. 어느 날 드디어 성공해서 '이제 됐다!'라고 한껏 들뜨려는 순간, 옆에서 동생은 한층 고난이도인 공중 거꾸로 오르기를 하고 있는 것이 아닌가. 철봉에서 빙글빙글 화려한 호를 그리는 동생의 모습에 이루 말할 수 없는 패배감에 빠졌다. 그때 결심했다. 운동만큼은 언니로서 동생에게 존경받기를 단념하자고 말이다.

내가 언니로서 승부를 거는 분야는 공부 한군데로 집중되었다. 철봉 일화는 의외로 강한 원체험이었던 모양이다. 그 뒤로 '이건 아무래도 안 되겠어'라는 생각이 들 정도로 못하는 분야를 접했을 때는 미련 없이 포기하고 다른 잘하는 분야에 힘을 쏟을 수 있게 되었기 때문이다.

수학을 못한다는 사실을 알았다면 국어나 사회 과목에 집중한다. 못하는 과학 과목 중에서도 전혀 이해가 안 되는 물리 대신 차라리 조금이라도 이해되는 생물을 선택한다.

뭐든지 잘하는 올라운드 플레이어를 목표로 삼기보다, 잘하는 분야가 특출한 스페셜리스트를 목표로 삼는 삶의 모토가 사실은 이 무렵부터 생겨났다.

평범했던 내가 공부에 빠진 이유

그래도 나의 어린 시절은 여유로웠다. 초등학생 때는 딱히 공부하려는 열정이 강하지 않았다. 사회 과목을 잘하는 것 같다는 정도의 인식은 있었지만 적극적으로 성적을 올리려고 노력하지는 않았다. 반면에 우리 엄마는 나름대로 교육에 힘을 쏟는 면이 있었다.

초등학생 때 우리 집에서는 매주 일요일에 어린이 신문을 구독하고 있었다. 신문에는 명문 중학교의 입시 문제를 응용해서 만든 학력 평가용 고난이도 문제가 실려 있었다. 매주 일요일이 되면 엄마는 그 문제들을 나에게 풀도록 했다. 당시 내 수준으로 명문 중학교의 문제를 풀 수 있을 리가 없었다. x와 y를 써가면서 엄마가 문제 풀이를 도와주었지만, 해설 자체가 초등학생인 나에게는 너무 어려웠다. 결과적으로 스스로의 힘으로 어려운 문제를 푸는 흥미를 느끼기는커녕 오히려 공부에 거부감만 생겨났다.

당시에는 매사가 그런 식이었다. 매일같이 학기 중에는 '숙제 했어?', 여름방학에는 '일기 썼어?'라는 말을 들었다. 이상하게도 마침 내가 시작하려고만 하면 꼭 엄마는 그렇게 물어봤다. 이제 막 하려는 참이었는데 비난하는 투로 한 소리 듣고 나면 오히려 의욕이 사라졌다.

여름방학 일기는 방학 마지막 날에 몰아서 '오늘은 수영장에 갔다', '오늘도 수영장에 갔다', '오늘도 또 수영장에 갔다'라고 썼다. 방학 동안의 날씨를 채워 넣기 위해 지난 신문을 꺼내와 일기예보를 보면서 정리하곤 했다.

그랬던 나는 중학교에 입학하면서부터 변모했다. 지극히 평범한 공립 중학교였어도 초등학교 때와는 역시 분위기가 달랐다. 정기 시험이라는 제도가 있어서 매 시험 순위가 정해지고 5단계로 등급이 부여되는 정량적 평가 시스템 속에 놓이게 된 것이 큰 변화였다.

첫 번째 정기 시험에서 내 성적은 2등이었다. 학원을 다닌 적이 없고 모의고사도 치러본 적이 없던 나는 그때 처음으로 내 수준을 객관적으로 파악했다. 1등을 한 친구는 나와 같은 초등학교 출신이었다. 우리 중학교에는 3개 초등학교 출신이 다니고 있었다.

만약 1등을 한 친구가 다른 초등학교 출신이었다면 나와는 상관없는 존재라며 쉽게 포기해버렸을지도 모른다. 하지만 그 친구의 초등학교 시절을 알고 있었기 때문에 아무리 발버둥을 쳐도 따라잡지 못할 상대라는 생각은 전혀 들지 않았다.

그때 나는 동생 이후 처음으로 라이벌을 명확하게 의식했다.

1등을 한 친구를 의식하면서 '조금만 더 분발하면 저 친구보다 앞서 갈 수 있겠는데'라고 생각했다. 그것이 내 의지로 공부를 시작한 계기였다.

정기 시험을 앞두면 방에 틀어박혀 바짝 공부했다. 그러는 사이 '숙제 했어?'라고 물어보는 엄마의 잔소리도 사라졌다. 시험이 더 가까워지면 그때까지와는 달리 부모님이 잠자리에 들고 난 뒤에도 공부를 계속했다.

부모님은 자기 전에 내 방을 보러 와서는 "우리 이제 잘 건데, 너는 아직도 안 자니?"라며 걱정하며 물어봤다. 그 상태가 계속되자 부모님은 내가 몇 시까지 공부하는지를 걱정하기 시작했고 마침내 "너무 열심히 하니까, 이제 적당히 해"라는 말까지 듣게 되었다.

지금 생각해보면 초등학생 때는 부모님에게 재촉을 받으면서 마지못해 공부했던 것 같다. 자신의 일에 열성적으로 참견하는 사람이 바로 곁에 있다면 당연히 동기부여가 잘 되지 않을 것이다.

그러나 중학교에 입학하면서부터는 나 스스로를 위해 공부해야 한다는 명확한 의지, 즉 라이벌보다 조금 앞을 노린다는 명확한 목표를 위해 공부하려는 의지가 생겨났다. 이 무렵부터 공부가 중요한 목표로 자리매김하게 되었다.

- ✅ 조금 앞선 라이벌을 의식하고 그보다 한 단계 위로 오르려는 노력이 공부의 계기가 된다.
- ✅ 뭐든지 잘하기는 어렵다. 하지만 잘하는 분야를 특출하게 할 수는 있다.

22

하루 4시간 공부로 전국 모의고사 1등을 차지하다

내 페이스대로 갈 수 있는 용기

라이벌 말고도 향상심의 원동력이 된 것이 하나 더 있다. 바로 자신에 대한 평가를 유지하고픈 갈망이었다. 사실대로 말하면 나에 대한 평가를 잃는 것이 두려웠다고 해야 정확한 표현일지도 모르겠다.

스스로의 의지로 공부하게 되면서부터 생긴 가장 큰 변화는 활자를 대하는 자세이다. 그때까지는 마음 내킬 때 좋아하는 책을 읽는 정도로만 활자를 접했다. 그런데 중학교 이후부터는 문학 작품이나 소설뿐만 아니라 교과서와 참고서를 읽는 시간도 늘어났다. 즉 공부를 위한 독서를 시작하게 되었다.

나는 라이벌에게 지고 싶지 않았다. 지지 않으려면 그 친구가 놀고 있는 시간에도 공부를 해야 한다고 생각했다. 아무리 느긋하게 놀고 싶어도 그 친구가 지금쯤 무엇을 하고 있을지를 상상하면 노는 데 집중이 되지 않고 오히려 공부하러 돌아가고 싶어졌다.

시험 전에는 하루 4시간씩 공부했다. 동아리 활동 후 저녁 7시에 귀가해서 8시에 저녁 식사를 마치고, 12시에 '이제 그만 자라"는 말을 들을 때까지 계속 책상 앞에 앉아서 공부하는 것이 일과였다.

중학생 때 나는 소프트볼 동아리에 속해 있었다. 어느 정도 각오는 하고 있었지만 동아리 활동과 공부를 병행하기란 역시 쉽지 않았다. 귀가는 늦어지고 주말에는 시합에도 나가야 했다. 시합 전에는 모든 부원이 역 앞에 집합해서 출발하는 것이 소프트볼 동아리의 관례였다. 집합 시간에 부원 중 누군가가 지각하면 시간 손실이 발생했는데 이것도 스트레스의 원인이었다.

시험이 코앞에 닥친 어느 일요일 아침, 매번 지각하는 부원을 기다리면서 어차피 조마조마하게 기다리느니 교과서를 펴고 공부를 시작해보기로 했다.

이는 상당한 용기가 필요한 일이었음을 짐작해보기 바란다. 여중생이라면 누구나 남들과 다른 행동을 하는 것에 매우 소극적이다. 그래도 용기를 내어 모두와 다른 행동을 하는 사이에, 열심히 공부하는 아이라는 캐릭터가 생겨났다. 캐릭터가 잡히고 나니 모두가 재잘재잘 떠드는 곳에서 혼자서 교과서를 잡아먹듯 보고 있어도 주위에서는 별다른 신경을 쓰지 않았다. 이렇게 주위의 인식이 생긴 다음부터는 이것저것 눈치 보지 않고 해야 할 일에 집중할 수 있었다.

내 안의 가능성을 넓히기 위한 도전

읽기에 중심축을 둔 공부법의 기초는 중학교를 졸업할 무렵에 길러졌다. 시험 전에 범위가 발표되면 해당 범위를 가볍게 한 번 읽어본다. 다음은 같은 방식으로 읽기를 몇 번 되풀이하기만 하면 된다. 시험 전날에는 다시 한 번 대충 모든 범위를 읽어보며 시험을 맞이할 준비를 한다.

이 방법을 썼더니 시험 범위의 지식을 크게 누락되는 부분 없이 구석구석까지 포괄하면서 시험에 대비할 수 있었다. 중학교 3학년 때 고등학교 입시 대책을 위한 전국 모의고사를 치를 때도 같은 방법을 썼다.

모의고사를 위해 따로 공부한다고 해서 의외겠지만 나는 정말 모의고사에 대비해서도 공부했다. 점수가 매겨진다면 그것이 무엇이든지 간에 충분히 준비한 후에 도전하고 싶었다. 준비를 하고 치른 시험은 결과가 좋지 않더라도 납득할 수 있지만 그렇게 하지 않으면 후회가 남는다. 중학교 입학 후 첫 정기 시험을 준비하며 키웠던 시험 마인드로 모의고사 역시 매번 충분한 준비를 하고 임했다.

고등학교 입시가 목적인 전국 모의고사는 중학교 정기 시험에 비해 시험 범위가 매우 넓다. 예를 들어 국사 과목은 중학교 1학년부터 시험 전까지 배운 모든 내용에서 폭넓게 시험 범위가 정해진다. 이렇게나 범위가 넓은데 정리 노트를 만들면서 시험 준비를 하다 보면 시간에 맞지 않는다. 고육지책으로 시험범위를 통독하는 작업을 시작했다. 통독 한 번만으로는 좀처럼 머릿속에 정착되지 않아서 통독을 여러 번 반복했다.

그랬더니 놀랍게도 중학교 3학년 때 치른 전국 모의고사에서 내가 전국 1등을 했다. 일본에서의 전국 모의고사라고 하면 도쿄 소재의 명문 중학교에 다니는 총명한 학생들이 함께 치르는 시험이다. 홋카이도의 공립 중학교에 다니는 내가 1등을 하리라고는 생각지도 못했다.

그러나 1등을 하게 된 비결이 있다. 시험에 국·영·수 세 과목만 있었다면 내 성적으로는 결코 1등이 될 수 없었다. 성적 향상의 포인트는 과학과 사회 과목이었다. 중학교 3학년 때 치른 전국 모의고사는 상당히 출제 범위가 넓었다. 평소 학교 진도에 맞춰서 공부했다면 출제 범위를 확보할 수 없는 구조였다. 나는 모든 시험 범위를 통독으로 포괄한 덕분에 다른 수험생에 비해 유리할 수 있었다.

더욱 의외였던 일은 모의고사를 주최했던 학원으로부터 "이대로 공립 고등학교로 진학할 생각입니까?"라는 전화를 받았을 때였다. 그때까지 나는 고등학교 입시를 그다지 의식하지 않고 있었다. 학원에 다닌 적도 없고 다닐 생각도 없었기 때문에, 평소대로였다면 아무런 고민 없이 집 근처 인문계 고등학교로 진학했을 것이다.

그러나 학원에서 걸려온 한 통의 전화는 나에게 새로운 세계로 나아가는 문을 열어주었다. 시야에 들어온 새로운 선택지는 처음에 머릿속에서 아른거리는 정도였지만 날이 갈수록 무시할 수 없을 정도로 커져갔다. 어떻게든 도쿄의 고등학교에 도전해 보고 싶었다. 다시 고개를 내민 도전 정신에 등 떠밀리듯 집 근처 고등학교가 아닌 도쿄의 국립 인문계 고등학교를 목표로 삼기로 했다.

부모님은 이제 막 중학교를 졸업한 딸만 혼자 도쿄에 보내기가 몹시 걱정이 되었는지 "홋카이도의 고등학교에 진학한 다음에 도쿄의 대학에 지원하면 좋잖니?"라고 만류했다. 하지만 내 안에서 고개를 내민 도전 정신은 사그라지지 않았다. 나는 반대하는 부모님을 "모처럼 기회가 왔으니까요"라고 설득하며 도쿄에 있는 고등학교로 진학을 결정했다. 돌이켜보면 두 갈래의 길이 있을 때 자신의 가능성을 넓히는 쪽의 길을 선택하는 인생철학이 이 무렵부터 내 안에 숨쉬기 시작했다.

> ✅ 전체적으로 여러 번 통독하는 공부가 시험에 좋은 결과를 낸다.
> ✅ 시간과 기회를 최대한 유효하게 활용하는 것이 성공 가능성을 넓히는 열쇠이다.

23

열다섯 살에 도쿄로 상경, 더 절실하게 공부하다

결과에 상관없이 계속 노력하다

고등학교 입학 직후의 심정은 중학교에 입학했을 때와 정말로 비슷했다. 공부 잘하는 아이라는 역할은 반에서 내가 차지하는 포지션이자 정체성이기도 했다. 그래서 나에게는 이제까지 쌓아왔던 정체성을 잃고 싶지 않다는 생각이 절실했다. 특히 도쿄의 인문계 고등학교에 입학해서 만나는 친구들은 모두 나보다 머리가 좋아 보였다.

'내 성적은 여기서 중간 이하겠지. 운동도 못하고 손재주도 꽝

인데다 말주변까지 없는데 도대체 어떻게 나 자신을 유지해가면 좋을까?'

이렇게 절실한 생각이 고등학교 첫 정기 시험에서의 노력으로 이어졌다. 첫 시험을 위한 노력이 빛을 발했던 것도 중학교 때와 마찬가지였다. 성적 상위 그룹에 안착한 나는 '도쿄의 고등학교에서도 의외로 괜찮은데?'라고 큰 안도감을 느꼈다.

의외로 괜찮게 나온 결과에 안심하면서 더 이상 노력하지 않는다면 올바른 길이 아니다. 의외로 결과가 괜찮았다면 이제는 그보다 더 앞으로 나아갈 방법을 고민해야 한다.

지금 이 순간 자신의 라이벌도 앞으로 나아가고 있다는 사실을 잊어서는 안 된다. 괜찮다고 생각하면서 걸음을 멈춘다면 현재 자신의 위치를 지키지 못할 뿐만 아니라 모두에게서 추월당하고 뒤처진다.

그래서 나는 고등학교 때의 공부 시간을 중학고 때보다 1시간 늘린 5시간으로 했다. 대학 입시가 중요한 인문계 고등학교라서 정기 시험을 앞두고는 동아리 활동을 쉬기 때문에 저녁에 귀가해서 7시부터는 공부에 전념할 수 있었다.

당시에 살고 있던 곳은 도쿄 근교에 있던 할머니 댁이었다. 통학은 편도로 1시간 반이 걸렸다. 매일 왕복 3시간을 무의미하게 보내자니 터무니없는 낭비였다. 그래서 시험 전에는 통학 시간도 공부 시간으로 활용했다.

　그렇지만 출근길 러시아워의 한가운데서 자리에 앉기란 불가능했다. 선 채 다리로 힘껏 중심을 잡아가며 교과서를 겨우 펼치고 열심히 읽었다.

　그러던 어느 날 어처구니없는 사건이 벌어졌다. 평소처럼 교과서를 통독하던 나는, 내릴 역에 도착하기 전에 한 권을 다 읽어버렸다. 그래서 밑에 놓아둔 가방에서 다른 교과서를 꺼내려고 다리 아래쪽으로 쓱 손을 뻗었다. 그러자 앞에 있던 여자가 갑자기 엄청난 기세로 내 손을 붙들더니 외마디 비명을 질렀다.

　"치한이야!"

　나는 너무나 놀란 나머지 주위의 따가운 시선 속에서 입만 빠끔거렸다. 하지만 붙잡은 손의 주인이 여고생이라는 것을 알게 된 여자는 더욱 놀란 눈치였다. 만약 내가 남자였다면 무슨 일이 벌어졌을까? 생각만 해도 아찔하다.

각 과목별 특징을 나만의 공부법에 접목하다

　고등학생 때는 통독을 여러 번 반복하는 공부법이 완전히 습관화된 시기였다. 이 공부법은 정기 시험의 영어, 과학 및 사회 과목에 적합하다. 정기 시험의 영어는 교과서에 적힌 문장이 출제 범위이다. 교과서에 적혀 있는 문장을 여러 번 반복해서 읽으면 자연스럽게 머릿속에 들어온다.

예를 들어 빈칸에 들어갈 관사가 'a'인지 'the'인지, 혹은 전치사가 'at'인지 'in'인지를 묻는 문제가 나왔다고 치자. 교과서의 문장을 제대로 읽어두었다면 시험 문제를 읽고 다시 생각할 필요가 없다. 여기는 'the'이고 여기는 'at'이라고 저절로 떠오르는 사항이 그대로 정답이다.

과학 과목의 생물이나 지구과학도 마찬가지로 교과서에 적혀 있는 내용을 반복해서 읽으면 디테일한 부분까지 확실히 머릿속에 들어온다. 통독을 여러 번 반복하는 공부법은 특히 사회 과목에 가장 최적화되어 있다. 세계사·국사·지리·정치·경제·윤리 등 고등학교 교과목의 상당수를 차지하는 사회 과목에서 통독은 압도적인 위력을 발휘한다.

참고로 나는 공간 인식 능력이 부족한 탓인지 지리 과목에 서툴러서 읽거나 외우는 데 시간이 많이 걸렸다. 그래도 통독 횟수를 늘리면 어떻게든 장악할 수 있다는 점에서는 다른 사회 과목과 마찬가지였다. 따라서 사회 과목에서는 공부법에 특별히 변형을 줄 필요가 없다.

반면에 현대문학 과목은 공부법에 약간의 변형이 필요하다.

교과서 읽기를 통해서는 책에 나오는 문장의 내용만을 이해할 수 있다. 그러나 현대문학에서는 문장의 독해력을 묻는 문제가 많아서 교과서의 내용만 외워서는 의미가 없다. 그래서 나는 노트에 제2의 교과서를 만들었다. 선생님의 판서와 더불어 구두로 해설해주는 내용을 빠짐없이 노트에 옮겨 적고 이 노트를 반복해서 통독하는 방법을 썼다.

  수학도 마찬가지로 통독의 변형이 필요한 과목이다. 교과서 읽기만으로 실제 시험 문제를 풀 수 없기 때문이다. 그래서 나는 여기서 7번 읽기를 변형시킨 7번 풀기 공부법을 고안했다.

  예를 들어 미분·적분, 인수분해, 수열 등 배운 단원별로 문제가 실린 문제집을 여러 번 반복해서 풀었다. 여러 문제를 손대는 것이 아니라 같은 문제를 반복해서 푼다. 이미 한 번 풀었던 문제가 나와도 반복해보는 것이다. 7번 풀기를 통해서 문제 풀이 과정 자체를 암기했다.

  이렇게 여러 가지 과목에 대비하면서 내가 어떤 과목에 강하고 약한지를 파악했다. 이과 과목보다 문과 과목을 공부하기가 편하고, 그림보다 문장을 보았을 때 머릿속에 잘 들어오는 사실을 발견했다.

  그러한 자기 분석에 따라 과학 중에서는 도식적인 요소가 강한 물리보다, 문장적인 사고로도 이해할 수 있는 생물이나 지구

과학을 선택하는 일종의 지혜도 이 시기에 터득했다.

나만의 공부법이라는 중심축을 세워놓고 여러 가지 교과목을 이 중심축으로 끌어오는 공부 방식을 확립한 것이다.

☑ 미지의 환경, 서툰 분야라도 일단 한 걸음 내딛고 나면 해야 할 것들이 보인다.

☑ 각 교과목별 특징에 맞춰서 공부법에 조금씩 변형이 필요하다.

24

온전히 독학으로
도쿄대 합격!
맹렬한 공부의 비밀

강의 듣기보다 독학이 빠르다

고등학교 3학년이 되면서부터는 도쿄대를 목표로 입시 공부를 시작했다. 내가 다니던 고등학교는 국립이었다. 국립 고등학교에서는 어쩐지 사립대보다 국립대를 지원하는 분위기가 있어서 도쿄대를 목표로 하는 학생이 꽤 많았다. 그래서 나 역시 매우 자연스럽게 도쿄대를 목표로 선택했다.

한편으로는 주위와 다른 선택을 했던 부분도 있다. 친구들 모두 입시 학원을 다녔지만 나는 집에서 공부하기로 했다. 다른 사람이 주위에 있으면 좀처럼 집중할 수가 없어서 공부가 잘 되지 않았기 때문이다. 입시 학원 강의를 듣는 것에서도 그다지 장점을 찾아볼 수 없었다. 친구가 빌려준 강의 녹음테이프를 들어보고 나서 이런 생각이 들었다.

'이건 교과서를 음독하는 것하고 별 차이가 없잖아? 그렇다면 혼자서 공부하는 쪽이 효율적이겠어.'

왜냐하면 다른 사람의 말을 듣기보다 책에 적힌 문장을 읽는 쪽이 압도적으로 빠르기 때문이다. 강의를 한 번 듣는 시간이 90분이라면 같은 시간 동안 읽기는 두세 번 반복이 가능하다. 더구나 말을 듣는 중에는 내용을 기억하는 데 힘을 쏟을 수 없다. 읽기만 한다면 동시에 기억하는 것도 가능하다. 같은 내용의 정보를 받아들일 때 듣기보다는 읽기 쪽이 압도적으로 빠르다. 그렇기 때문에 빠르게 진도를 나갈 수 있는 읽기에 특화된 공부 방법을 선택하기로 마음먹었다.

"전문 강사만이 전할 수 있는 정보를 접하는 것도 독학이 갖지 못하는 장점 아닐까요?"

이러한 의견이 나올 수 있다. 확실히 입시 학원 강사의 수업은 재미있는 데다 문제 풀이나 해석에 대한 조언이 공부에 도움이 되는 면도 있다. 그렇지만 독학을 선택한 이유는 정보의 출처를 하나로 두고 싶었기 때문이다. '이런 해설 방법도 있다', '이 문장은 이렇게도 해석할 수 있다'와 같이 교과서에 적혀 있지도 않은 정보에 마음은 오히려 혼란스러워질 우려가 있다.

읽기 공부는 강사의 해석이나 견해 등 타인의 부가 정보가 개입되지 않는 만큼, 자신의 이해 구조에 가장 잘 맞는 방법으로 머릿속에 받아들일 수 있다. 다른 사람의 해석을 가능하면 배제하고 최대한 직접적으로 자신의 머릿속에 입력하는 공부법이야말로 나를 최단 거리로 목적지에 인도해준 방법이었다.

대학 입시에도 효과적인 읽기 공부법

대학 입시가 다가오자 공식적인 학교 수업은 없어졌다. 그래서 나는 대학 입시가 코앞에 닥친 고등학교 3학년 겨울부터는 계속 집에서 공부했다. 기상은 아침 8시, 취침은 새벽 2시였다. 수면 시간이 6시간이니 수험생치고는 충분한 편이었다. 예전부터 수면 시간만큼은 가능하면 줄이지 말자는 주의라서 이 규칙은 아직까지도 굳게 지키고 있다. 식사와 목욕, 다른 자잘한 시간을 제외하고 남은 시간은 전부 공부에 투자했다. 아마 하루에 14시간은 책상 앞에 앉아 있었던 것 같다.

입시를 준비하는 시기였지만 '이 날에는 어떤 과목을 공부할

까?'라고 생각할 만큼 계획을 세밀하게 세우지는 않았다. 몇 월까지 기본 교재 몇 페이지까지 진도를 나가겠다는 계획도 전혀 없었다. 그날그날 필요하다고 생각되는 과목을 공부했고 도중에 질리면 과목을 바꾸기도 했다.

"대학 입시를 그런 식으로 준비해도 괜찮아요?"

이렇게 물어볼 수도 있는데 생각보다 괜찮은 방법이다. 내 공부법은 어떤 과목이든 처음에 모든 범위를 단시간에 통독한다. 따라서 매우 단시간에 모든 범위를 장악할 수 있다. 그렇게 하면 아직 보지 못한 부분에 대한 불안감은 일단 사라진다.

처음에 모든 범위를 통독하므로 기본 교재 안에서 내용별로 페이지 수가 얼마나 할당되어 있는지, 즉 어디가 중요한지와 같은 책의 흐름을 이 단계에서 파악할 수 있다. 비교적 이해가 잘되는 부분과 반대로 읽기 어려운 부분 등 개인적인 난이도의 흐름 역시 처음 단계에서 알 수 있다. 요컨대 해당 교과목의 전체상이라는 지도를 그리는 것이다.

이 지도만 그릴 수 있다면 계획 세우기는 불필요하다. 시험에 잘 나오는 중요한 포인트는 여러 페이지를 할애하기 때문에 자연히 중점적으로 학습하게 된다. 읽기 어려웠던 부분은 읽는 속도가 느려지게 될 테니 역시 중점적으로 학습하게 된다. 읽어나가는 것만으로 계획 없이도 중요한 포인트나 불안 요소에 중점을 두면서 읽기에, 흐름을 타는 공부법이 자연스럽게 형성되었다.

입시가 임박해지고 내용이 어느 정도 머릿속에 들어오게 되면 쓰기 방법을 동원했다. 쓰기에는 두 가지 효과가 있다. 하나는 기억을 머릿속에 정착시키는 효과, 다른 하나는 시험 연습이다. 시험에서는 쓰는 작업이 필요하기 때문에 쓰기를 통해 그 감각을 몸에 익히고자 했다.

특히 영어 단어만큼은 정말 열심히 썼다. 영어 단어 공부를 할 때는 단어장을 따로 보지 않고 영어 문장을 읽는 작업을 주로 했다. 처음에는 오로지 영어 문장 읽기만 반복하다가 익숙해지면 A4 연습장에 문장 속 영어 단어를 술술 써내려갔다. 연습장 한 페이지 가득 채워질 때까지 쓰면 찢어버리고 다시 쓰는 작업을 반복했다. 연습장 마지막 페이지까지 다 쓰면 해냈다는 달성감과 만족감을 맛볼 수 있다. 영어 단어를 공부하느라 고등학교 3학년 한 해 동안 연습장을 족히 두세 권은 다 썼던 기억이 난다.

☑ 읽기 중심의 공부법을 통해 중요 포인트를 빠르고 쉽게 파악할 수 있다.
☑ 쓰기 연습으로 머릿속에 확실히 입력시키고, 실전에 대비한다.

25

도쿄대에서 터득한
새로운 공부법
그리고 향상심

도쿄대 재학 시절의 노트 정리법

앞서 소개한 입시 공부법이 제대로 효과를 발휘해서 이듬해 봄 나는 도쿄대에 입학했다. 내가 합격한 곳은 법학부가 속해 있는 문과 1류였다.

대학에 들어와 보니 수업 방식이 이제까지와는 전혀 달랐다. 중학교나 고등학교는 과목별로 교과서가 있다. 반면에 대학교는 강의를 위한 기본 교재는 있지만 거의 사용하지 않았고, 주로 교수님의 구두 설명으로만 수업이 진행되었다. 개중에는 기본 교재를 지정하지 않는 수업도 있었다.

그렇지만 대학 입시 때 확립되었던 읽기 공부법에는 변함이 없었다. 다만 기본 교재가 없던 탓에 기본 교재를 만드는 작업을 추가했다. 교수님의 설명이 교과서를 대신했기 때문에 수업 중에 설명하는 내용을 노트에 받아 적어, 나만의 기본 교재를 만드는 과정이 공부의 중요한 일부가 되었다.

수업은 기본 교재를 만들기 위한 중요한 시간이었다. 수업 내용을 차곡차곡 받아 적는 것과 정보를 하나도 빠뜨리지 않고 받아 적는 것이 최우선이었다.

수업 내용을 받아 적을 때는 머리를 쓰지 않아야 한다는 점이 중요하다. 대량의 정보가 단번에 터져 나오는 수업 시간 동안 정보를 기록하는 동시에 이해하고 정리하기란 무척 어려운 일이기 때문이다. 결론적으로 수업 시간에는 정보를 기록하는 작업에만 집중해야 한다. 정보를 정리하고 암기하는 작업은 수업이 끝나고 나서 한다. 그때는 대학 입시 때와 마찬가지로 통독하는 방법을 쓴다. 수업 시간에 필기한 노트를 교과서 삼아 반복해서 읽는다.

급하게 손으로 받아 적은 문장이 처음에는 잘 이해되지 않았다. 하지만 3번 읽으면 어느새 요지를 파악할 수 있다. '이 부분은 교수님도 강조했었지' 같은 수업 당시의 기억이 새롭게 되살

아났다. 참고로 어느 교수님이든 중요한 부분은 길게 설명하시곤 했다. 따라서 노트에 중요 포인트라고 표시해둘 필요는 전혀 없다.

'교수님이 길게 설명한 부분이 중요 포인트이다.'

그렇기 때문에 중요 포인트는 필기한 양도 많아진다. 중요 포인트에 형광펜으로 선을 긋거나 해당 포인트를 반복해서 공부하는 수고와 시간을 들일 필요가 없다. 교수님의 수업대로 필기한 내용을 반복해서 읽으면 자연히 흐름이 있는 공부를 할 수 있고, 그것은 대학 입시 때 기본 교재 통독을 통해 터득했던 노하우와 동일하다.

최상의 교재를 만들기 위한 노력

초반에는 수업을 듣고 손으로 필기하며 노트를 만들었는데 전기 교양과정에서 법학부로 진학하면서부터는 상황이 바뀌었다. 도쿄대는 1학년과 2학년 때 고마바駒場 캠퍼스에서 교양과목을 이수하는 전기 교양과정을 거친 후에 3학년과 4학년 때 전공 학부로 진학한다.

법학부에 진학한 다음부터는 수업을 따라가기가 정말로 힘들었다. 매 수업 나오는 정보량이 이전과는 차원이 달랐다. 샤워기의 물처럼 쏟아지는 법률 용어를 미처 담지 못하고 '세 가지 포인트가 있다고 말씀하셨는데 마지막 한 가지가 뭐였지?', '방금 나온 법률 용어를 못 들었어! 그 용어가 뭐였더라?' 하며 당황하는 사이에 진도는 어느새 저 앞쪽까지 나가 있었다. 수업을 마치고 군데군데 공백이 생긴 노트를 물끄러미 바라보면서 한숨짓기만도 수차례였다.

그래서 법학부에 진학하고 나서는 녹음 기능을 활용하게 되었다. 수업에는 노트와 필기구 대신 노트북을 가지고 들어갔다. 거기에 한 가지 더, 대학시절 반짝 전성기를 자랑했다가 이제는 역사 속으로 사라진 MD플레이어가 준비물이었다. 노트북으로 필기하면서 MD플레이어로는 수업을 녹음했다. 집에 돌아와서 수업 녹음 파일을 2배속으로 들으면서 노트북으로 입력한 내용에 빠진 부분을 채워 넣었다.

법학부에 막 들어왔을 무렵에는 타자 속도가 그다지 빠르지 않았는데 조작에 익숙해지고 나니 손으로 필기하는 것보다 훨씬 빨라졌다. 다만 도쿄대 법학부는 교수님에 따라 녹음을 허락하지 않는 수업이 있다. 그때는 수업하는 동안 노트북에 강의 내용을 최대한 타이핑하는 수밖에 없다.

글씨를 너무 많이 써서 오른손이 욱신욱신 아프게 되는 것도 노트북을 쓰면서부터 사라졌다. 이렇게 문명의 이기에 도움을 받으며 나만의 기본 교재 만들기를 조금씩 마스터해갔다.

입시는 끝나도 공부는 끝나지 않는다

대학에 막 입학했을 때의 내 심정은 아마 당신도 예상하고 있을 것이다. 예전과 완전히 똑같이 '분명 주위 사람들 모두 능력자들일 거야!'라고 내심 긴장했다. 그도 그럴 것이 내가 입학한 곳은 다름 아닌 도쿄대였기 때문이다. 일본 전국에서 엄청나게 머리가 좋은 사람들이 모여 있다는 사실에 동경과 두려움을 품고 있었다. 그러나 결국 도쿄대도 중학교·고등학교와 마찬가지 패턴이었다.

이곳에서 나는 중간 이하라는 현실에 직면할 것이고, 그렇게 되기 싫다는 공포심과 싸우기 위해 열심히 노력하고 공부하는 식의 패턴이다. 그렇게 공부한 결과, 시험에서 그럭저럭 좋은 성적을 받고 '의외로 괜찮네?'라고 생각하는 주기도 사실은 예전과 똑같았다.

차이가 있었다면 주변 사람들에 있었다. 모두가 열심히 공부하던 고등학교 3학년 때와는 대조적으로 도쿄대 학생 대부분은 일단 대학에 입학하기만 하면 전혀 공부하지 않았다.

　나도 물론 대단하다고는 할 수 없다. 대학 입시를 공부하던 고등학교 3학년 때가 인생에서 가장 괴로웠던 시기 중 하나이다. 한창 힘들게 입시 공부하는 중에는 '대학만 합격하면 이제 두 번 다시 공부 같은 건 안 할 거야!'라고 마음속으로 얼마나 되뇌었는지 모른다. 그런데 실제로 입학하고 보니 향상심인지 야심인지는 몰라도 더욱 위를 목표로 하고 싶은 마음이 또다시 고개를 내밀었다.

　시험이 끝날 때마다 '이제 두 번 다시 공부 같은 건 안 할 거야!'라고 생각하는 것은 나의 단골 패턴이었다. 사법시험을 공부하던 대학교 2학년 역시 인생에서 가장 괴로웠던 시기 중 하나이다. 그때도 마찬가지로 '사법시험만 합격한다면 두 번 다시 공부 같은 건 안 해도 돼'라고 생각하면서 공부에 매진했다. 그러나 지금 돌이켜보면 사법시험 합격 이후로 공부를 멈춘 적은 결코 없다.

　하나의 목표를 달성하면 또 다음 목표를 달성하고 싶어진다. 더 높은 곳을 목표로 하고 싶다. 이 책을 쓰고 있는 지금도 나는 한창 공부중이다.

　"그렇게 살면 힘들지 않아요?"

　이런 말을 들은 적이 있다. 힘들지 않다면 거짓말이겠지만 나는 이렇게 생각한다.

'공부하는 목표가 있는 인생은 힘든 일이 있기 때문에 즐거운 일도 있다. 공부하는 목표가 없는 인생은 힘든 일이 없는 반면에 즐거운 일도 없지 않을까.'

예전에 부활절 휴가차 귀국한 친구와 함께 점심을 먹은 적이 있다. 그 친구는 도쿄대를 졸업하고 외국계 금융회사에서 일하다가 지금은 해외로 거점을 옮긴 상태이다. 누구도 토를 달 수 없는 엘리트 인재로, 내가 본 또래 중에서 가장 똑똑하고 기운 넘치며 성격까지 좋아 존경하는 친구 중 한 명이다. 그 친구가 나에게 이렇게 말했다.

"아내 생일에 뭐 갖고 싶은 거라도 있냐고 물어봤는데 딱히 없다고 하더라. 새삼 생각해보니까 나도 딱히 갖고 싶은 게 없더라고. 인생은 점점 평탄해지는 건가봐."

인생이 평탄해진다는 생각에 나는 정말로 동의한다. 힘들더라도 무언가 손에 넣고 싶은 것이 있어서 그것을 위해 공부하고 성과로 이어진다면 만족을 느낀다.

인생은 괴로움과 그 뒤에 찾아오는 즐거움의 반복이다. 그리고 아마 괴로움과 즐거움의 양은 같을 것이다. 괴로운 공부 시간이 길면 길수록 그 뒤에는 응축된 쾌감, 즉 달성감과 만족감을 얻을 수 있다. 반면에 다음 목표가 없다면 괴로움도 즐거움도 없는 평탄한 일상뿐이다.

  인생에서 어느 길을 선택할지는 가치관의 문제겠지만, 나는 즐거움도 괴로움도 없는 평탄한 일상보다는 향상심을 지니며 공부하기 위해 노력하고 그 결과 목표를 달성하는 일상이 더 행복하다고 생각한다.

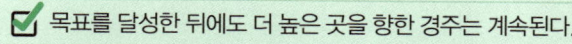 목표를 달성한 뒤에도 더 높은 곳을 향한 경주는 계속된다.
 노력과 향상심을 버리는 것은 인생의 기쁨을 버리는 것이다.

26

대학교 3학년 때
사법시험에 합격한 비결

공부는 힘들기 때문에 빨리 끝내야 한다

　일본 국가공무원 시험 합격을 목표로 정했던 시기는 대학교 2학년 봄이었다. 대학교 재학 중에 국가공무원 시험을 응시할 수 있는 조건 중 하나로 '이듬해 3월에 대학 졸업 예정인 자'라는 항목이 있었다. 기본적으로 대학교 3학년 학생이 이듬해 3월에 대학을 졸업할 예정이 있을 리 없다. 따라서 3학년 때는 국가공무원 시험에 도전할 수 없었다.

　국가공무원 시험은 4학년이 되어서야 응시할 수 있으니 3학년이 되고 나서 본격적으로 공부해도 괜찮다. 그렇다면 무엇을 하면서 2학년을 보내면 좋을까. 내가 내린 결론은 사법시험에 도전하는 것이었다.

사법시험을 준비하던 대학교 2학년과 3학년이 인생에서 가장 비장하게 공부한 시기였다. 지금 와서 생각해보면 사법시험 공부를 시작한 시점에는 반드시 합격하겠다는 생각이 없었다. 설령 불합격하더라도 공부하는 과정에서 얻은 지식이 헛되지는 않을 테고, 법학부의 정기 시험이나 국가공무원 시험에도 도움이 될 것 같아서 가벼운 마음으로 시작했다. 그럼에도 막상 사법시험 공부를 시작해보니 처음의 가벼웠던 마음은 점차 강한 결의로 바뀌어갔다. 이유는 두 가지이다.

우선 첫 번째 이유는 힘든 일을 최대한 빨리 끝내고 싶었기 때문이다. 법률은 내가 가장 좋아하는 분야가 아니었다. 좋아하는 과목을 공부하기도 힘든데 좋아하지도 않는 법률을 공부하자니 정말로 힘들었다. 스토리적인 요소가 있다고는 해도 법조문 같은 글은 어차피 무미건조하다. 사법시험에 계속 떨어져서 이렇게 고통스러운 공부를 몇 년이나 계속하는 것은 딱 질색이었다. 그렇게 생각하자 자연스럽게 액셀을 밟게 되었다.

생각해보면 대학 입시 공부도 그렇다. 진지하게 공부하는 사람일수록 '입시 공부를 2년이나 연속해서 하지는 못할 것 같아서 단번에 합격하고 싶은 마음이 간절했다'며 입을 모아 말한다.

두 번째 이유는 그렇게 고생해서 사법시험을 공부했는데 좋은 결과로 이어지지 않으면 속이 상할 것 같았기 때문이다. 사법시험은 성취도 시험이 아닌 합격·불합격의 시험이다. 일단 시험에서 합격하지 않으면 아무리 아쉬워한들 법률가 자격을 얻을 수 없다. 여태까지 힘들게 공부했으니 어떤 형태로든 결과를 남기고 싶다는 의욕이 뭉게뭉게 솟아올랐다.

사법시험까지는 대략 1년이 남아 있었다. 1년 동안 머릿속에 넣어야 할 지식은 방대했다. 기본 6법인 헌법·민법·형법·민사소송법·형사소송법·상법을 기간 내에 전부 머릿속에 넣고 이해해야 하니 만만치가 않았다. 게다가 아직 법학부 진학 전의 2학년이었던 나로서는 대부분의 교과목에 전혀 손더본 적이 없는 백지 상태의 시작이었다.

그래서 나는 새로운 공부법을 실천했다. 사법시험 준비생이 다니는 학원의 교과서를 반복해서 읽는 방법이었다. 사법시험 학원의 교과서는 포괄성이 있으면서도 치우침이 없다는 장점이 있다. 사법시험 합격이라는 목적에 특화되어 있는 만큼 필요한 지식만을 간단(이라고는 해도 방대하지만)하게 정리해서 제공해주는 점도 매력적이었다.

권위 있는 교수의 유명한 해설서를 마스터하면 된다고 생각할 수도 있겠지만 나는 굳이 그렇게 하지 않았다. 전문가가 집필하는 책은 연구서라서 저자의 견해나 독자성, 즉 치우침이 들어가기 때문이다. 오해를 무릅쓰고 말하자면, 법률 분야의 최신 지식과 깊은 탐구를 다루는 내용이 법률가의 초입인 사법시험 합격을 위해 반드시 필요한 기초 지식이라고는 단언할 수 없다. 결국은 불필요한 내용이라는 뜻이다.

전체를 포괄하는 지식을 얻는 것이 중요하다. 불필요한 내용은 거들떠보지 않고 합격이라는 목적을 위해서 꼭 필요한 지식만을 얻는다. 목적지로부터 최단 거리를 거꾸로 계산해보았을 때 사법시험 학원의 교과서는 가장 합리적인 해답이었다.

틀린 문제는 절대 신경 쓰지 마라

당시 일본의 사법시험(구 사법시험)에는 총 네 가지 시험이 있었다. 일단 대학에서 소정의 과목을 이수하면 첫 번째 시험은 면제였다. 그래서 나는 세 가지 시험을 준비했다. 먼저 OMR 카드에 작성하는 단답형 시험, 다음에는 논술시험, 마지막은 구술시험이다.

사법시험 학원의 교과서를 통독해서 지식을 전체적으로 복습한 후에 단답형 시험에 대비하기 위해 두꺼운 문제집을 샀다. 문제집은 '반복해서 읽기'를 변형한 '반복해서 풀기' 방법을 썼다. 문제를 통해 지식을 기억함과 동시에 출제 패턴을 암기하는 전략이다.

반복해서 풀기 공부를 할 때 내가 정해둔 규칙이 있었다. 처음 단계에서는 틀린 문제를 전혀 의식하지 않겠다는 것이었다. 처음 문제집을 풀 때는 문제 형식에 익숙하지 않고 지식도 없다 보니 당연히 틀리게 된다. 아무리 기를 쓰고 풀어도 맞춘 문제보다 틀린 문제가 더 많았다. 이때 틀린 문제를 하나하나 신경 쓰기 시작하면 기분이 침울해지고 공부가 진척되지 않는다. 따라서 처음 단계에서 틀린 문제에는 절대 오답 표시를 하지 않았다.

이해가 확립되지 않은 단계에서 자신이 이해한 내용과 해답을 비교해보았자 무의미하다. 문제를 풀고 해답을 확인했을 때 자신이 내놓은 답과 다르다고 해도 자신의 답과 해답이 어디가 어떻게 다르며 왜 틀렸는지에 대한 분석은 전혀 하지 않았다. 단지 해답에 달린 풀이만 읽을 뿐이었다. 이렇게 하면 자신이 틀렸다는 생각에 사로잡히지 않고 해답과 그 풀이만을 쉽게 기억할 수 있다.

오답 표시는 모든 문제를 적어도 5번 이상 풀그 난 다음에 했다. 그 시점에서는 전체적인 이해가 진행되어 있으니 맞히는 문제가 더 많아졌다. 아직까지도 틀리는 문제가 있다면 서툰 분야이거나 출제 형식이 자신과 맞지 않는 등 뭔가 이유가 있는 것이다. 개인적으로는 정답 80%, 오답 20% 정도가 되는 시점에 틀린 문제에 대한 분석을 하는 편이 가장 효율적이라고 생각한다.

일방적 풀이 공부법으로 무사히 단답형 시험을 통과할 수 있었다.

문맥 흐름이 저절로 기억되는 7번 읽기 공부법

단답형 시험은 내가 응시한 3개 시험 중에 경쟁률이 가장 높기는 해도 사실 그렇게까지 문이 좁지는 않았다. 전체 응시자 가운데 정말로 법률가가 되겠다는 뜻이 있는 사람은 별로 없기 때문이다. 사법시험은 비교적 저변이 넓은 시험이라 단순히 실력을 가늠해보고 싶어서 응시하는 사람도 많다. 채점자 입장에서는 최종 관문에서 합격할 가능성이 높은 수험자만을 골라내는 역할을 하는 시험이 단답형 시험이다.

가장 큰 난관으로 알려진 시험은 2차 논술시험이다. 단답형 시험에 합격하고 논술시험을 한 달 앞둔 무렵부터는 대학교 입학 이후 처음으로 수업을 쉬기로 했다. 그전까지는 맹장염이든

뭐든지 간에 수업만큼은 무조건 사수했다. 친구에게 수업을 녹음해달라고 부탁한 나는 집에서 논술시험 공부에 전념했다. 가벼운 마음으로 시작했던 사법시험 공부가 이렇게까지 진지해졌던 것이다.

논술시험이야말로 일본 사법시험의 꽃이다. 혹 실히 단답형 시험이 논술시험보다 경쟁률은 높다. 하지만 앞서 설명했듯이 단답형 시험은 정말로 법률가에 뜻이 있는지를 확인하기 위한 예비선발이라는 의미가 있다.

단답형 시험의 과목은 헌법·민법·형법 3과목뿐이다. 반면에 논술시험은 헌법·민법·형법에 추가적으로 형사소송법·민사소송법·상법이 들어간 6과목이다. 논술시험은 범위가 압도적으로 넓은 데다가 OMR 카드에 작성하는 단답형과는 달리 말 그대로 논술을 요하는 것이었다. 단순히 기계적인 답이 아닌 법률의 이해도를 묻는 시험이었다. 확실히 논술시험과의 싸움은 만만치 않았지만 별로 어렵다고 의식하지는 않았다.

사법시험에서 논술시험의 기본적인 풀이는 ①어떠한 점이 문제인지를 찾아내어, ②관련된 일반적 견해를 소개하고, ③일반적 견해가 지닌 문제점을 비판한 뒤, ④문제점을 극복하기 위한 새로운 견해를 제안하면서, ⑤마지막으로 새로운 견해를 해당 사례에 적용하는 것이었다.

나중에 돌이켜보니 중요한 구절뿐만 아니라 논리를 흐름으로 기억해야 하는 논술시험은, 7번 읽기를 통해 문맥을 흐름으로 기억하는 내 공부법에 그야말로 최적의 시험이었다. 앞서 설명한 7번 읽기 방법으로 논술시험까지 통과할 수 있었다.

☑ 틀린 문제를 신경 쓰지 않고 일방적으로 반복해서 푸는 동안 전체적인 이해도가 깊어진다.

☑ 7번 읽기 공부법은 논리를 흐름으로 기억해야 하는 논술시험에도 최적이다.

27

절박감에 사로잡혀
하루 19시간
공부에 매진하다

모두가 합격할 때 나만 떨어질 수 있다

　사법시험 수험생 대부분은 2차 논술시험까지만 합격하면 일단 안심한다. 심지어 거의가 합격은 '따 놓은 당상'이라고까지 생각한다. 논술시험 합격 발표부터 3차 구술시험까지의 기간은 대략 2주일이다. 2주일 후 구술시험에서 불합격하는 비율은 5% 정도이다. 즉 논술시험을 돌파했다면 합격은 당연하다고 생각할 수 있다.

　그러나 당시 나는 정반대의 심정이었다. 불합격하는 5%의 인원 중에 내가 들어갈 것 같았기 때문이다. 이상하게 여길지도 모르겠지만 이유는 운전면허시험에 떨어졌던 경험 탓이다.

나는 대학교 1학년 여름방학에 자동차 운전학원에 다녔다. 운전학원에서 치르는 운전면허시험은 사법시험의 구술시험과 마찬가지로 합격하는 사람이 더 많은 시험이다. 실제로 내가 응시했던 시험일에도 단 한 사람을 제외하고는 전원 합격이었다. 불합격한 사람은 누구였을까? 부끄럽지만 주인공은 바로 나였다. 합격자 수험번호가 붙은 화이트보드에 내 번호만 없었을 때의 절망감은 아직도 잊을 수가 없다. 이제는 웃으며 넘어갈 수 있는 경험은 마음속에 의외로 깊은 트라우마로 남게 된 모양이다.

그 후 불합격자가 소수라는 말을 들을 때마다 합격하는 다수 쪽에 속할 것이라고 안심하기는커녕 불합격하는 소수 쪽에 포함될 것이라는 묘한 확신을 품게 되었다. 운전면허시험과 같은, 아니 그 이상의 절망감을 또다시 맛보는 것은 견딜 수 없었다.

이것을 꼭 망상이라고 치부할 수는 없다. 실제로 불합격자가 소수인 구술시험에서 떨어지는 사람이 있으면 눈에 띄고 뇌리에 쉽게 각인된다. 합격자가 적고 난관으로 악명 높은 논술시험에서 떨어지는 것과 달리 구술시험에서 떨어지면 두고두고 이야깃거리의 대상이다. "저 사람 논술시험에는 붙고 구술시험에서 떨어졌었대! 좀 이상하지 않니?"라는 소리를 듣는 변호사가 가끔씩 있다 보니 구술시험 불합격은 정말이지 두려운 이야기이다. 개인적인 감상이지만 왠지 모르게 딱한 이미지가 항상 따라다니는 느낌마저 든다.

참고로 말하자면 나는 논술시험을 치르고 합격자 발표까지 2개월 동안 구술시험을 준비하기는커녕 완전히 놀기만 했다. 사실은 그것이 불합격의 공포감을 키운 본질적인 원인인지도 모르겠다.

불합격의 공포를 떨쳐내려면 공부밖에 없다

여하튼 온갖 생각이 다 들면서 내가 구술시험 전에 품었던 공포감은 인생을 살며 가장 커다란 것이었다. 불합격의 공포감에 맞서고 떨쳐내는 방법은 단 한 가지, 바로 공부뿐이었다.

이러한 부류의 절박감은 사람을 가장 필사적으로 만든다. 적어도 나는 그랬다. 중학교·고등학교·대학교를 비롯해 새로운 환경에 들어설 때마다 강하게 액셀을 밟았던 것도 주위 사람들이 나보다 단연 뛰어나다고 여기며 나만 뒤처지는 것에 초조함을 느꼈기 때문이다.

단답형 시험과 논술시험을 준비할 때의 냉정함과 전략성은 구술시험을 앞두고 이미 사라진 지 오래였다. 그래서 2주 동안은 하루에 무려 19시간 반을 계속 공부했다.

하루 24시간 중에 식사는 각 20분씩 3회로 총 1시간, 목욕은 20분, 매일 밤 엄마와의 전화 통화는 10분, 그리고 수면은 3시간이었다.

나머지 시간은 전부 공부에 쏟아부었다. 수면 시간만큼은 제대로 확보하겠다는 결심도 날아가버린 채 오로지 자신을 막다른 길로 몰아넣고 있었다.

내 인생 최대로 공부를 밀어붙이다

하루 일과 중 엄마와의 전화 통화는 정신 안정을 위해 의지하는 마지막 수단이었다. 매일 밤 10분 동안 집에 전화해서 엄마 목소리를 들으며 기분 전환을 한 덕분에 머리가 돌아버릴 정도로 완전히 절박감에 빠지는 상태는 막을 수 있었다. 그러나 막판에는 심리 상태가 위험 수준까지 도달해 있었다. 어느 날 밤 어디선가 노랫소리가 들려왔던 것이다.

"반딧불의 빛 창가의 흰 눈~"

〈반딧불의 빛 Auld Lang Syne, 석별의 정〉이라는 노래의 첫 소절만이 수차례 반복되어 들렸다. 나는 공부에 집중력을 잃고 노랫소리에 신경을 곤두세웠다. 엄마와의 통화 시간이 되었을 때 나는 통화하면서 엄마에게 물었다.

"이런 시간에 누가 계속 노래를 부르는 걸까?"

딸의 질문에 엄마는 너무나도 냉정하게 대답했다.

"나는 아무것도 안 들리는데. 얘, 그거 환청이야.'

하지만 환청이라는 사실을 깨달은 뒤에도 노랫소리는 그치지 않았다.

구술시험 당일이 되었을 때, 응시생들은 큰 대기실에 있다가 자기 차례가 가까워지면 소위 '발사대'라고 불리는 작은 대기실로 불려 들어갔다. 발사대에 들어서자 긴장감은 절정에 달했다. 그 순간에도 〈반딧불의 빛〉은 계속 들렸다. 극도의 긴장 속에서 마침내 나는 들려오는 노랫소리에 맞춰 작게 흥얼거리고야 말았다.

"반딧불의 빛 창가의 흰 눈~"

발사대에서 작은 소리로 〈반딧불의 빛〉 1절을 부른 나는 정신적으로 상당히 위태로운 사람이었던 것 같다. 그런데 신기하게도 시험이 끝난 순간 노래는 더 이상 들리지 않았다.

환청까지 들을 만큼 비상식적으로 맹렬하게 공부했던 시기를 돌이켜보면 그것이 과연 좋은 행동이었는지는 의문이다. 결론적으로는 확실히 과유불급이었다고 생각한다. 수면 시간을 줄

이면서 공부에 열중하면 뇌가 완전히 피로해진다. 정신적으로 압박받을 뿐만 아니라 기억력과 집중력에도 악영향을 끼친다. 결코 효과적인 공부법이라고는 할 수 없다.

2주 동안의 무절제한 공부를 통해 무엇을 얻었냐고 묻는다면, 솔직히 환청을 들은 (어떤 의미로는 귀중한) 경험이라고 대답할 수밖에 없을 것 같다. 수면 시간을 6시간으로 유지하면서 남은 시간을 공부에 투자했어도 같은 수준의, 아니 오히려 그 이상의 지식을 정리할 수 있었을 것이다.

결론적으로 이렇게 공부하는 방식은 절대 추천하고 싶지 않다. 다만 이 정도로 뭔가에 열중할 수 있었던 경험만큼은 나에게 귀중한 양식이 되었다.

- ✅ 뭔가에 열중하는 것은 하나의 가치 있는 경험이다(다만 정도가 지나치지 않도록 주의해야 한다!).
- ✅ 불합격의 공포는 공부를 함으로써 떨쳐낸다.

28
공부가 인생의 전부는 아니다

공부와 생활의 균형을 현명하게 유지하다

사법시험에 합격하고 1년 뒤인 4학년 때는 국가공무원 제1종 시험에 응시했다. 이때는 상식선을 벗어날 정도로 맹렬하게 공부하지는 않았다. 사법시험에서 광기의 늪에 빠질 뻔한 경험을 거치면서 나도 겨우 적당함이라는 것을 깨우친 모양이다. 그래도 공부 시간은 하루에 10시간을 유지했다. 따지고 보면 공부하는 시기에 식사나 수면 같은 필수 항목을 제외하고 따로 해야 할 일은 별로 없다.

예외가 하나 있다면 친구들과 어울리는 시간이다. 학교 다니는 동안 친구와 어울리는 시간은 중요한 위치를 차지한다. 수다를 떨거나 술 한잔 하러 가서 마음을 터놓을 수 있는 친구들과 스스럼없이 대화를 나누는 것은 너무나도 즐거운 일이다.

다만 친구들과 어울리는 시간도 공부하는 시기에는 어느 정도 희생을 감수해야 한다. 그렇다고 친구와 만나는 시간을 전부 없애버린다면 정말로 힘들어질 것이다. 그래서 나는 이렇게 생각하기로 했다.

'단기적으로는 공부가 매우 중요하다. 하지만 장기적으로는 친구들과 어울리는 시간도 매우 중요하다.'

공부를 최우선 사항에 두고 매진하는 것도 중요하지만, 사람은 지식이나 기술만으로 살아갈 수 있는 존재가 아니다. 공적이든 사적이든 자신이 위기에 처했을 때 정신적·물리적으로 도움의 손길을 내밀어주는 사람은 친구들이다. 그러한 보답까지 기대하지는 않더라도 동료와의 커뮤니케이션 자체가 인생을 풍요롭게 만드는 중요한 요소이다. 인간관계를 원활하게 유지하지 않으면 사회인으로서 살아가는 데 지장이 있다.

문제는 균형감이다. 단기적으로 보면 현재는 공부에 집중해야 할 시기이다. 친구와 어울리는 시간은 장기적인 관계를 유지할 수 있는 수준으로만 유지해야 한다. 그래서 공부하는 시기에는 내가 먼저 친구에게 놀러 가자고 하지는 않더라도 친구가 놀러 가자고 하면 흔쾌히 응한다는 명확한 기준을 세웠다.

친구와 어울리는 시간에 명확하게 의미를 부여할 수 있다면 놀러 가더라도 정당한 이유가 있는 셈이다. 이렇게 생각하면 불필요한 죄책감을 갖지 않고도 기분 좋게 한숨 돌릴 수 있다. 기준을 세워둔다면 자기도 모르게 너무 놀아 공부에 소홀해질 걱정도 없다.

유혹에 절대 지지 않는 법

앞서 나온 죄책감이라는 말은 의외로 중요한 키워드이다. '지금 농땡이 부리는 중이야', '쓸데없는 시간을 보내고 있어'라고 생각하면 정신건강에 좋지 않다. 공부 이외의 시간을 보낼 때 이러한 죄책감을 갖게 되면 쉬고 있어도 마음이 편치 않다. 결과적으로 피로가 축적되고 공부를 할 때의 집중력에까지 악영향을 끼친다.

친구와 어울릴 때 유익한 시간이라고 이유를 붙였던 것도 죄책감이 주는 피해를 막기 위해서였다. 다른 여가 활동 역시 스스로 정당화할 수 있는 수준으로 유지했다. 예를 들어 빈둥빈둥

TV를 보거나 공부와 관계없는 소설 또는 만화책을 읽는 것은 일상 속 작은 기분 전환의 한 가지 방법이다. 하지만 자기 스스로의 의지로 끝내지 않는다면 한없이 계속되는 위험한 유혹이기도 하다.

나는 기준을 정해서 TV나 만화책을 보는 시간은 양치질을 하는 동안으로 제한했다. 양치질할 때는 어차피 공부 시간이 아니니, 양치질을 하면서 다른 뭔가를 하더라도 시간 낭비가 되지 않는다고 정당화한다면 자신이 쓸데없는 일을 하고 있다는 죄책감이 생기지 않는다. 나는 원래 엄마의 열성적인 가르침 덕분에 양치질은 시간을 들여 꼼꼼히 하는 편이다. 그래서 양치질 시간뿐이라고는 해도 나름대로 기분 전환을 할 만큼은 된다.

그 밖의 만만치 않은 적이라면 역시 잠이다. 수면을 6시간 취해도 한낮에 습격해오는 낮잠의 유혹을 뿌리치기란 쉽지 않다. 잠이란 무서운 것이라서, 잠든 느낌은 5분 정도였던 것 같은데 깨어났을 때 3시간이 지나 있을 수도 있다. 분명 낮이었는데 일어나 보면 저녁이 되어 있을 때 후회와 죄책감은 상당히 크다. 그렇게 다운된 상태에서 공부를 시작하면 좀처럼 공부에 불이 붙지 않는다.

졸음의 유혹을 방지하기 위해 실천한 방법이 바로 '매트리스 치우기'였다. 아침에 일어나면 이불을 두꺼운 매트리스 통째로 치워두고 침대를 골격만 남겨둔 상태로 만든다. 이렇게 하면 낮잠의 유혹이 찾아와도 끄떡없다. 매트리스를 도로 가져와 이불을 다시 펴는 일이 더 귀찮기 때문이다.

내 공부법은 시간이 지나면서 이러한 마인드 컨트롤적인 요소도 강해졌다.

> ☑ 쉬는 동안에 죄책감에 사로잡혀 단순하게 시간만 따우면 오히려 피곤해진다.
> ☑ 기분 전환은 이유를 설명할 수 있을 때만으로 한정하자.

29

효율적인 노력으로
원하는 결과를 얻다

도쿄대를 수석으로 졸업하다

사법시험과 국가공무원 시험 합격이라는 두 가지 목표를 달성하고 졸업만 앞두고 있는 어느 날 학교에서 연락을 받았다. 듣자 하니 졸업생 전체 대표로 졸업장을 받았으면 한다는 내용이었다. 도쿄대 법학부에서는 이 역할을 가장 성적이 좋은 사람, 즉 수석 학생에게 맡긴다.

수석이 되었다는 사실을 알았을 때의 느낌은 '아아, 역시'였다. 어느 시점부터 의식적으로 수석이 되기 위한 노력을 하고 있었기 때문이다. 구체적으로 말하자면 모든 과목에서 '우'를 받는 것을 목표로 했다.

도쿄대에서 최고점인 '우'는 성적 상위 3분의 1에 주어진다. 즉 '우'만 받아도 다른 사람에게 지는 일은 결코 없다. 다시 말해 정기 시험 점수에서 꼭 1등을 노리지 않더라도 모든 과목에서 상위 3분의 1에 들기만 하면 되는 셈이다.

수석이 되기 위한 치밀한 전략

상위 3분의 1에 들기 위한 요령은 세 가지였다.

첫 번째는 큰 실수를 하지 않는 것이다. 법률을 이제 막 배우기 시작한 학생의 답안지는 교수님 입장에서 보면 뻔할 테니 괜히 분투할 필요는 없다. 다만 문제는 제대로 읽어야 하고 정해진 풀이 방법을 준수해야 한다. 이렇게 기본적인 점에서 실수를 해버리면 돌이킬 수가 없다. 특히 문제만큼은 수차례 반복해서 읽었다.

두 번째는 수업을 제대로 들었다는 점을 확실히 어필해야 한다. 나는 교수님의 수업을 그대로 기록한 기본 교재를 만들었다. 여기에는 수업 시간에 교수님이 사용했던 표현이 그대로 적혀 있다. 이 내용을 시험에 적으면 '나는 수업에 출석해서 제대로 필기를 한 학생이에요'라는 점을 어필할 수 있어 다른 3분의 2 학생과의 차별화를 자연스럽게 달성할 수 있다.

마지막은 수업을 성실하게 들었기 때문에 얻을 수 있는 자신감이다.

'시험은 수업을 제대로 들었는지를 확인하기 위한 것이다. 나처럼 녹음까지 해가면서 여러 번 수업을 들은 학생은 없다. 그러니 내가 나쁜 점수를 받는 시험은 내가 아니라 시험 자체가 잘못된 것이다!'

남들 앞에 나서기를 그다지 좋아하지 않은 나는 늘 이렇게 혼자 자기암시를 걸었다. 그 결과 학교에서 성적표를 받아보니 모든 과목이 '우'였다. 이렇게 되자 정말로 수석이 될 수도 있을 것 같았다.

시험 성적 외적인 요소를 생각한다면 다음은 이수 학점이었다. 다른 학생 중에서도 나처럼 모든 과목이 '우'가 나올 가능성이 있다. 그렇게 된다면 같은 성적을 받은 라이벌과 차별화되지 못한다.

그때 나는 '성적이 같다면 수석은 이수 학점으로 정해지지 않을까?'라고 추측했다. 그래서 졸업에 필요한 최소 학점에서 2학점을 추가로 이수했다. 과목당 최소 2학점이었으니 졸업에 필요한 학점에 최소한의 플러스알파를 한 셈이다.

　최소 필요 학점만 이수해서 졸업하는 것도 합리적인 선택이다. 하지만 나와 같은 성적을 받은 학생이 더 있다고 가정하고 2학점을 추가로 이수했던 것은 목표를 확실히 달성하기 위한 전략적 수단이었다. 이처럼 나에게 공부란 목표를 명확하게 하고 최단 거리로 확실하게 효과로 이어지게 만드는 하나의 수단이었다.

오로지 결과를 위한 '목적 합리적' 자세

　초등학생부터 대학 졸업 때까지 나의 공부 발자취를 설명했다. 돌이켜보면 나는 공부에 대해 늘 '목적 합리적'으로 행동해 왔다. 목적 합리적이란 사회학자 막스 베버가 제창한 개념으로, 어떤 목적을 지향하고 결과를 얻기 위해서 가장 적절한 수단을 취하는 행동을 의미한다.

　이와 대치되는 개념이 '가치 합리적'이다. 결과는 어떻게 되든 자신이 믿는 정의와 신조를 기준으로 행동한다. 공부에 관한 한 지금까지 나의 선택은 언제나 목적 합리적이었다.

　조금 앞선 라이벌을 의식하면서 실현 가능한 목표를 세우고, 사법시험 공부를 할 때 합격에 이르는 최소한의 지식을 포괄하기 위해 전문적인 책보다는 학원 교과서를 중시하며, 문제집을 풀면서 불필요하게 오답 확인을 하지 않는 아이디어는 모두 최소의 부담으로 목적을 확실하게 달성하기 위한 목적 합리적인 길이었다.

목적 합리적으로 행동한 이유는 나 자신이 공부를 하나의 수단이라고 단정 지었기 때문이다. "공부가 정말 좋은가보네?"라는 말을 계속 들었지만 나는 사실 공부를 전혀 좋아하지 않는다. 그렇기 때문에 최소한의 공부로 목적을 달성할 수 있는 방법을 열심히 고민했다.

자격시험을 앞두고 고민하는 수험생, 성적이 오르지 않아 고민하는 학생이 있다면 공부란 자신에게 하나의 수단임을 명확하게 의식하기 바란다.

나를 포함한 많은 사람들에게 공부는 하나의 수단일 뿐이지 꿈도 다른 무엇도 될 수 없다. 공부가 자신의 꿈이라면 가치 합리적인 행동으로 인생 전부를 걸어도 아깝지 않다. 그러나 공부에서 그러한 낭만을 찾아낼 수 없다면 어떻게 해야 할까?

최소한의 공부로 확실하게 목적을 달성하기 위한 전략적 공부법이 결론이 될 것이다. 이 책에서 바로 그 전략적 공부법을 전해줄 수 있으리라 생각한다.

- ✅ 최소한의 부담으로 확실하게 목적을 달성하기 위해 전략적으로 공부해야 한다.
- ✅ 공부는 그 자체가 목적이 아니라, 꿈을 이루기 위한 수단이다.

5장

사회에서도 통하는 7번 읽기 공부법

30

약점은 재빨리
강점으로 막는다

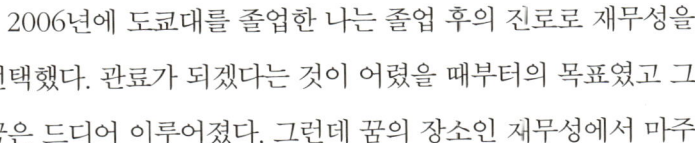

직장인은 하루하루가 테스트의 연속이다

2006년에 도쿄대를 졸업한 나는 졸업 후의 진로로 재무성을 선택했다. 관료가 되겠다는 것이 어렸을 때부터의 목표였고 그 꿈은 드디어 이루어졌다. 그런데 꿈의 장소인 재무성에서 마주친 광경은 상상조차 못했던 '사회'라는 모습이었다.

공부에 관해서라면 나름대로 결과를 냈다고 자부하던 나였지만, 사회에 나와 보니 이제까지의 성공 공식이 통하지 않는 불가사의한 장소에 던져진 듯한 심정이었다.

우선 내 당혹감은 한마디로 '테스트가 너무 많다!'라고밖에 표현할 길이 없었다. 학창 시절이 끝나면 시험과도 인연이 끝난다고 생각했다면 큰 오산이다. 사회생활은 학생 때보다 빈도와 난이도가 높은 시험의 연속이었다.

학교에서의 시험은 미리 예고되는 데다 그나마 대학교 시험은 1년에 몇 번 되지도 않는다. 반면에 사회에 나왔더니 일상이 미니 테스트였다. 전화 응대나 상사 보고와 같은 행동 하나하나가 채점되고 고과로 이어진다. 전화로 받은 갑작스러운 질문에 그 자리에서 즉시 대답하지 못하면 거기서 한 번 감점이다. 상사에게 보고서를 제출할 때 첨부한 자료에 오타가 있으면 또 한 번 감점이다.

더구나 '방금 실수로 몇 점 감점이다'와 같이 명확하게 점수가 표시되지 않는다. 상사에 따라 실수를 받아들이는 방식에 차이가 있고, 새내기인 나에게 방금 실수로 얼마나 감점되었는지 친절하게 가르쳐줄 리도 없다. 그렇다 보니 매일 치러지는 미니 테스트에서 감점을 받더라도 과연 고과에 얼마나 피해가 되는지조차 알지 못한다.

학창 시절처럼 시험을 보는 타이밍을 미리 알 수 없다는 점도 난처했다. 사회에서 치르는 미니 테스트는 언제 보는지 알 수가 없다. 지금 평온하게 책상에 앉아 있다고 해도 1분 후에 상사에게서 "그 일 어떻게 됐나?"라는 질문을 받을지 모른다. 혹은 지금 책상에서 허송세월을 보낸 행동 자체를 상사가 감점 대상으로 삼을지 모른다. 채점 기준이 명시되어 언제 시험을 보는지 예고되는 학창 시절의 시험이 훨씬 더 친절하다고 생각했다.

게다가 입력과 출력 빈도의 역전을 통감했다. 공부는 지식을 머릿속에 넣는 이른바 입력 작업이다. 학창 시절은 하루하루가 입력 시간이고 출력할 기회는 1년에 몇 번 되지 않는 정기 시험뿐이다. 그렇게 생각하면 학창 시절에는 입력 시간이 출력 기회보다 훨씬 많았던 셈이다.

그런데 사회인이 되자 입력과 출력의 빈도가 역전되었다. 입력 시간과 비슷할 정도로, 아니 느낌상으로는 입력보다 훨씬 빈번하게 출력을 요구받는다. 자신조차 준비가 불충분하다고 생각하니 평가자인 상사 입장에서 보면 출력 결과가 당연히 형편없다. 그럼에도 매일매일 어중간하게나마 성과물을 내야 해서 그것은 그것대로 엄청난 스트레스였다. 그야말로 고통이 아닐 수 없었다.

'이제까지와는 전혀 다른 공부가 필요하다.'

계속해서 찾아오는 미니 테스트에 신경을 소모시키면서 새로운 공부에 대한 필요성을 느꼈다.

서툰 일은 잘하는 쪽으로 끌어당기자

　사회생활은 곤혹스러움 속에서 조금씩 대책을 찾아내는 일의 반복이었다. 대책 중 하나는 타이밍을 내가 제어하는 방법이다. 타이밍을 자신이 주체적으로 제어하는 것이다.

　예를 들어 제때 끝내지 못할 것 같은 업무에 관해 "그 일 어떻게 됐나?"라고 상사가 물었다고 치자. 상사가 먼저 물어본 다음에 보고하자니 지연되는 작업에 켕기는 마음이 앞서면서, 보고는 변명 같아지고 초조해질수록 대응할 시기를 놓치고 만다. 나는 상사에게 질문을 받기 전에 내가 먼저 중간보고를 한다. 현재 상황을 보고하고 늦어지는 이유를 설명한 뒤에 조언을 구해 해결의 실마리를 찾은 적도 있다.

　보고 수단은 전화보다 메일 위주로 했다. 나는 출력이 서툰데 그나마 말하기와 쓰기를 비교해보면 쓰기 쪽에 소질이 있다. 사실 소질이라기보다는 그나마 쓰는 것이 더 낫기 때문에 메일을 사용하는 편이 유리하다. 말하자면 서툰 일을 잘하는 영역으로 끌어와 조금이라도 나은 상황을 만드는 수법이다.

　이 내용은 학창 시절에 지금까지 소개한 공부법을 계속 실천하면서 길러온 이론이기도 했다. 분야나 과목을 불문하고 읽기에 특화된 공부법을 여러 가지 과목에 접목시켜 실천해왔기에,

사회에서도 가능하면 잘하는 방법을 구사해서 결과를 내기 위한 방법을 고민했다.

그러는 사이에 나도 점점 익숙해졌는지 언제 어느 때 찾아올지 알 수 없었던 미니 테스트의 타이밍과 배점을 알게 되었다. 그리고 돌이킬 수 없는 실수와 어떻게든 마지막에 수습할 수 있는 실수의 구별도 가능해졌다.

그렇게 8년이 흘러 나는 현재 다른 업무를 하고 있지만 하루하루가 미니 테스트라는 생각은 여전하다. 나아가 이제는 내가 먼저 점수를 따는 요령도 익혔다. 말하자면 승부처를 파악해서 표적을 좁혀가며 노력할 수 있게 되었다.

이처럼 사회인이 되어서도 일정한 노하우를 만들 수 있었던 비결은 공부의 힘에 힘입은 바가 상당히 크다. 이번 장에서 사회인 생활의 경험을 통해 배운 것에 대해 소개하고자 한다.

☑ 사회인은 정기 시험이 없는 대신 끊임없는 미니 테스트를 치른다.

☑ 사회생활을 잘하기 위해서도 공부와 노력이 필요하다.

31

협상과 설득에도
반복의 기술이 필요하다

사회 초년생으로서 강렬하게 공부하다

 줄곧 당혹스러웠던 사회 초년생 시절을 돌이켜보면, 나 자신의 젊음이나 미숙함은 물론 그 이상으로 선명하게 되살아나는 기억이 바로 재무성이라는 조직의 강렬함이다. 재무성이라는 직장은 사회인 1년차로서는 강렬한 신고식이자 새로운 배움의 터전이었다.
 일례로 재무성에는 '3할 타자'라는 용어가 있다. 알다시피 원래는 야구에서 타율을 의미한다. 그런데 예전부터 재무성에서

는 3할 타자라는 용어가 다른 의미로 사용되었다그 한다. 재무성에서의 3할은 한 달에 야근으로 300시간을 채웠다는 의미이다. 따라서 3할 타자라는 말은 한 달에 300시간 이상 야근을 하는 직원이라는 의미가 된다.

"이번 달에도 3할 찍었어."

"그럼 정신없었다는 그 일도 거의 자리가 잡힌 모양이네."

이러한 대화가 예전 재무성에서는 심심치 않게 들렸다고 한다. 한 달의 총 근무 시간이 아니라 야근으로만 300시간이라니 믿어지는가? 장시간 노동이 문제시되고 있는 오늘날에 그 정도로 일하는 직장을 나는 들어본 적이 없다. 어째서 그렇게까지 일을 하는지 궁금해질 수 있는데, 이유는 바로 업무의 특수성 때문이다.

일본의 국회 회기 중 재무성을 포함한 가스미가세키霞が関 일본 정부청사의 중요한 업무는 국회의 대정부 질문에 대한 답변서를 작성하는 이른바 '국회 답변'의 대응이다. 국회 답변은 정부 관료가 직접 의원회관으로 찾아가 다음 날의 질문 내용을 청취하는 것에서부터 모든 업무가 시작된다. 보통 국회의원의 질문 청취는 정부 관료 중에서도 중견급 이상의 곤리직이 해야 할 정도로 베테랑의 업무이다. 국회의원과 대화를 주고받다가 뭔가 실수라도 하면 곤란해지기 때문이다. 그런데 아량이 넓은 것

인지 일부러 어려운 일을 맡기는 것인지는 몰라도 재무성에서는 국회의원의 질문 청취가 신입사원의 역할이었다.

청취해온 질문에 대해 국회 답변을 어느 부서에서 작성해야 하는지가 또 매우 중요하면서도 분쟁이 생기는 문제이다. 이때 서로 이해가 대립하는 부서 간의 조정 역시 신입사원의 업무이다. "저쪽 부서에서 맡는다고 할 때까지 돌아오지 마"라는 엄명을 받고 자리를 뛰쳐나왔던 기억이 있다.

상대 부서가 일을 맡아줄 때까지 자리로 돌아올 수 없다 보니 그 부서로 가서 어떻게든 맡아달라고 필사적으로 부탁했다. 이런저런 수로 이유를 대가면서 흥정과 간청으로 교섭했다. 그렇게 호된 분쟁을 치르고 담당 부서가 정해져야 겨우 국회 답변이 작성되다 보니 이미 그 시점에서 장시간 노동은 피할 수 없는 셈이다.

재무성이라는 곳은 이제까지 배워 왔던 것과는 다른 공부가 요구되는 직장이었다.

반복된 노하우와 기술은 성과로 이어진다

이렇게 새로운 환경 속에서 나는 '교섭술'이라는 기존 방식과 다른 공부법을 통해 새로운 지식과 노하우를 입력했다. 우선 상대 부서와 우리 부서 양쪽과 관계된 업무가 있을 때, 어느 부서도 성가신 업무는 맡고 싶지 않다는 전제하에 담당 부서의 결정은 그야말로 교섭 자체에 달려 있다. 처음에는 상대 부서가 더욱 그 업무와 관련성이 높다는 논리로 설득을 시도한다. 그러나 상대 역시 같은 이유를 제시하며 의논이 평행선을 그리는 때도 비일비재하다.

이때는 교섭형 커뮤니케이션 스킬이 중요하다. "어제 국회 답변은 저희 부서가 맡아서 작성했었죠"라는 패를 보이고, "저희 부서에서 질문 두 개를 맡을 테니까, 그쪽 부서에서도 질문 두 개를 맡아주셨으면 해요"라고 교환 조건을 내미는 식이다. 여기서 커뮤니케이션이 실패한다면 업무 시간이 더욱 늘어나 수면 시간도 사라지는 것은 불을 보듯 뻔하다. 이렇게 상황이 빠듯하다 보니 교섭은 진지해진다.

자신은 어떤 목적을 달성하고 싶은가. 목적을 이루기 위해 상대방에게서 어떤 조건을 이끌어내야 하는가. 반대로 상대는 무엇을 원하고, 이쪽에서는 어떤 조건을 제시할 수 있는가. 수면 부족 상태인 머리로 열심히 고민해서 발견한 이 해답들은 이윽고 교섭의 스킬과 노하우가 되었다. 이렇게 커뮤니케이션을 반복하는 동안에 좋든 싫든 교섭술은 발전해갔다.

사회에 나온 후에 반복을 통해 하나의 스킬을 몸에 익혔다. 책상 위 공부뿐만 아니라 반복하고 지속함으로써 획득해가는 공부가 사회에서도 중요했다. 이 사실을 일깨워준 재무성은 소중한 배움의 터전이기도 했다.

☑ 설득하기 위해서는 논리와 협상 모두 필요하다.
☑ 반복은 책상 위 공부뿐만 아니라 나만의 노하우를 입력하는 데도 도움이 된다.

32

공무원에서 변호사로, 새로운 도전을 시작하다

사법연수생으로서 다시 책상 앞에 앉다

　재무성을 퇴사하고 변호사를 목표로 했던 것은 2008년의 일이었다. 일본도 마찬가지로 변호사가 되기 전에는 사법 연수 기간을 거쳐야 한다. 대법원 부속의 사법연수원이라는 배움의 터전에서 당시 1년 4개월에 걸쳐 법률가로서 실전 업무를 시작하기 위해 준비했다. 이곳에서 나는 재무성이라는 '책상에서 벗어난 공부의 세계'에서 다시 '책상 위 공부의 세계'로 돌아왔다.
　공부 방법이나 내용은 학창 시절과는 상당한 차이가 있었다.

사법연수원에서는 강의 형식으로 수업하기도 하고 물론 사법시험 내용에서 더욱 발전된 수준의 공부도 하게 된다. 사법연수생은 법률가로서 사회에 나오기 직전 단계이기 때문에 더욱 실전에 가깝게 공부한다. 구체적으로는 출력 방식, 즉 시험이 한층 실전에 가까운 형태이다.

같은 사법연수생 중에서도 나처럼 변호사 지망자 외에 판사와 검사 지망자가 있다. 일본의 사법연수원에서는 처음 2개월 동안 변호사, 판사, 검사 업무의 기본을 강의 형식으로 배운다. 그 후 1년간은 소수 그룹으로 나뉘어 삿포로나 후쿠오카 등 각지의 지방법원에 부임해서 민사판사, 형사판사, 변호사, 검사 각각의 업무를 3개월씩 체험 학습한다. 마지막 2개월은 사법연수원으로 돌아와서 학습한 성과가 있는지 시험을 치른다.

나는 시험의 형식에 놀랐다. 판사, 검사, 변호사 각각 시험을 치르는데 시험이 그야말로 실전 격이다.

일단 한 사람당 한 권씩 재판 기록이 주어진다. 실제 있었던 사건 기록을 바탕으로 재판의 증거나 참고인의 증언 등 생생한 증거가 나열되어 있다. 이를테면 시험은 이렇게 진행된다. 검사라면 적은 수의 증거를 가지고 어떻게 피고인의 범행을 설득력 있게 주장할 것인지, 변호사라면 어째서 검사가 제시하는 증거는 모순이며 실제로 피고인은 진범이 아니라는 점을 어떻게 주장할 것인지, 판사라면 이들 양쪽의 주장에 어떠한 판결을 내릴 것인지를 자기 스스로가 직접 검사, 변호사, 판사가 되어 작성해야 한다.

  시험은 꼬박 하루가 걸린다. 오전 10시에 시작하면 저녁 5시까지 계속된다. 시험을 보는 사이에 각자 알아서 식사를 하거나 커피를 마시면서 휴식을 취할 수 있다는 점은 신선했다. 실제로 판결문을 1시간 이내로 작성해야 할 일은 없다. 하루나 때로는 그 이상 시간을 들여 완성하는 것이 실정이다. 사법연수원은 학교보다 사회에 더 가까운 만큼 공부 방식과 시험도 한층 실전과 유사하다는 사실을 알게 된 의미 있는 경험을 한 장소였다.

같이하는 공부에서의 스트레스

  실전과 유사한 경험은 신선했어도 스트레스를 받을 때가 많았다. 물론 하루가 꼬박 걸리는 시험이라 정말로 피곤하지만 어떤 의미에서는 편하다. 하루 동안 다른 사람과 완전히 차단된 채 자신만의 세계로 빠지면 되기 때문이다. 시험에서 좋은 성적을 받는다면 자신의 공부 성과이고 반대로 나쁜 성적을 받는다면 자신의 공부 부족 탓이다. 좋은 의미로든 나쁜 의미로든 완전히 자업자득의 세계이다.

반면에 사법 연수 기간 중에는 실전과 유사한 수업의 일환으로 '역할 분담'이 있었다. 각자가 검사, 변호사, 판사 역할로 나뉘어 하나의 사건에서 맞붙는다. 여기서 이를테면 검사는 검사 팀끼리 공부하는 형태가 필요해진다. 여태까지 시험은 모두 개인전이라고 여겼던 나에게 단체전 시험은 새로운 경험이었다. 나는 공부에 노력을 아끼지 않는 타입이다. 그래서 능력이 충분한데도 공부 준비를 게을리하는 팀원은 도대체 이해하기가 어려웠다. '왜 기한 내에 담당한 부분을 끝내지 않지?', '왜 전날 밤에 술을 마시러 간 거지?'라고 나도 모르게 비난하는 듯한 생각을 품게 되었다.

그러나 비난은 역효과만 된다. 상대방을 비난하면 미안하다는 사과의 말은 끌어낼 수 있더라도 그것은 전혀 해결책이 되지 않는다. 나중에는 어색해진 인간관계만 남는다. 무심결에 심한 말을 내뱉었다는 나 자신에 대한 혐오감으로 가득 차기만 한다.

팀워크는 긍정적인 피드백이 중요하다

그렇다면 어떻게 해야 팀워크가 원활하게 돌아갈까? 현재 나

는 이 주제에 두 가지 대처 방안을 시도해보고 있다.

하나는 팀에서 내가 맡는 업무의 범위를 늘리는 것이다. 담당 범위를 확실히 정하고 각각의 책임 한계를 명확히 한다. 함께 업무를 하는 팀원의 상태를 확인하고 부담이 너무 가중되는 것 같으면 "내가 맡을게"라고 말하고 팀원의 몫까지 해준다. 팀원이 잘해낼지 조마조마하게 기다리기만 하는 것보다 훨씬 정신 건강에 이롭다.

다른 하나는 긍정의 피드백을 주는 것이다. 보고해서 부족한 점을 지적받거나 자신의 의견을 개진하는 중에 틀린 점을 지적받는 것처럼, 업무를 하다 보면 전반적으로 부정적인 피드백을 받을 때가 많다.

열심히 일했는데도 "여기가 잘못됐잖아"라는 한마디 말로 단정 지어지면 기운이 빠질 수밖에 없다. 하지만 내가 후배의 보고서를 읽고 피드백을 해주는 입장이 되어보니, 선배가 나에게 해주는 피드백에서도 긍정적인 면을 찾아내는 기회가 많아졌다.

'친절하게 읽어주셨구나.'

'이 점은 간과하고 있었는데 지적해주시니 고마운걸.'

'다른 업무도 바쁘셨을 텐데 밤늦게까지 일하시면서 내 보고서를 검토해주셨어.'

긍정의 피드백은 모두를 기분 좋게 만드는 데도 구태여 명확히 전해주지 않는 사람이 많다. 그래서 나는 동기나 후배, 때로는 상사에게도 좋다고 느낀 점일수록 빠뜨리지 않고 전한다.

  노력이 우리들의 업무라면, 노력하는 모습을 결코 놓치지 않는 것은 상사의 업무이다. 노력했다는 사실을 놓치지 않고 칭찬해주는 사람을 위해서 스스로 열심히 노력한다. 자기가 공부해서 얻은 좋은 결과로 남들에게 칭찬받으면 기쁜 것처럼, 자기도 다른 사람에게 똑같이 긍정의 피드백을 전하는 것이 중요하다.

☑ 팀워크를 할 때 감정이 상하지 않도록 조절하는 것도 필요하다.
☑ 팀이 성과를 내기 위해서는 서로 간의 긍정적인 커뮤니케이션이 필수이다.

33

실수와 약점은 고치면 된다

사소한 부분에도 완벽을 기한다

 변호사로 근무를 시작하면서도 벽에 부딪히는 일이 많았다. 우선 문장 쓰기가 어렵다는 사실을 통감했다.

 변호사가 쓰는 문장은 정확성이 생명이다. 문학 작품처럼 행간을 통해 뭔가 감동을 주는 것, 여러 가지 해석이나 상상을 환기시키는 것, 여운을 남기는 것 등은 일절 허락지 않는다. 누가 읽더라도 오해가 생기거나 하나의 문장이 중의적으로 해석되는 일이 없도록 사실을 정확하게 쓰는 문장 기술이 항상 요구된다.

그 점에서 내가 쓴 문장은 모호하다는 이야기를 자주 들었다. 주어와 술어의 관계가 불명확하고, 자신의 생각인지 제3자의 견해인지 불명확하다는 지적을 매번 받았다. 게다가 내가 쓴 문장에는 오타가 많다는 결점이 있었다.

정확성이 결여된 문장에 비하면 타격은 적지만, 준비 부족 상태에서 부주의하게 쓴 문장이라는 인상을 심어주어 기재된 내용 자체의 신뢰성에 손상이 간다. 꼼꼼함이 중요하다는 뜻에서 변호사들 사이에서는 '신은 디테일에 깃든다'라는 표현을 쓰는데, 나는 원래 주의 깊은 편이 아니어서 오타가 많았다.

내가 보낸 메일을 다시 읽고 오타를 발견할 때마다 기분이 침울해졌다. 그리고 메일의 참조에 들어가 있는 상사, 특히 사소한 실수도 놓치지 않는 완벽주의자인 상사가 내가 보낸 메일을 보면서 차갑고도 쓸쓸한 미소를 짓고 있는 모습을 상상하면 왠지 등골이 싸했다. 이러한 실수가 수차례 반복되자 결국에는 어떻게든 고쳐야겠다는 생각에 이르렀다.

우선 문장을 쓴 다음에는 메일을 바로 보내지 않고 3번 읽기를 했다. 컴퓨터 화면에서 3번 읽기를 하면 오타는 거의 다 잡아낸다. 문장을 쓸 때는 자신의 생각만으로 쓰지만 읽을 때는 어느 정도 객관적인 시선이 되어 제3자적인 견해가 생겨난다. 그렇게 하면 자신의 쓴 문장에서 비약이나 생략된 점을 찾아낼 수 있다.

메일을 보내기 전에는 컴퓨터 화면 말고도 인쇄를 해서 읽는 작업을 추가했다. 종이에 출력해서 읽으면 환경 지킴이를 자처하는 우리 엄마 같은 사람들은 지구 환경에 좋지 않다며 화를 낼지도 모르지만, 그래도 역시 종이로 출력해서 확인하는 과정을 거치면 더욱 확실해진다. 이 방법으로 오타는 상당히 방지할 수 있었다.

부족함은 발전 가능성이 크다는 증거

다음에는 상사나 선배의 교정을 본보기로 삼았다. 이때는 인쇄한 종이를 들고 가서 빨간 펜으로 첨삭을 받는 방법이 도움이 되었다. 디지털 문서를 함께 보며 화면상에서 바'로 교정 받게 되면, 많은 부분이 수정되더라도 일단 한번 저장된 뒤로는 어느 부분이 수정되었는지 일일이 파악할 수 없다.

반면에 인쇄한 종이를 가져가서 손글씨로 고정을 받으면, 종이를 보고 문장을 고쳐 쓰면서 '어째서 여기가 수정된 걸까?'라고 생각해볼 수 있다. 손글씨를 고쳐 쓰기란 꽤 번거로운 작업이기도 하다. 그렇다 보니 '다음에는 조금만 수정받자'라는 강한 자극으로 이어졌다.

상사가 해준 빨간 펜 첨삭을 보면서 조금씩 문장을 쓰는 기술을 발전시켜 나갔다. 빨간 펜 첨삭은 늘 가차 없이 이루어졌다.

처음 영어 메일을 작성했을 때는 'Best Regards'라는 정형화된 끝인사를 제외하고는 전부 다시 썼다. 참고로 그 전부 중에는 내 이름도 포함되어 있었다. 부끄럽게도 내 이름까지 오타를 쳤던 것이다.

그렇게 형편없는 실수를 반복하면서도 결코 물러서지 않는 것이 내 장점이다. 실은 당시에 너무 실수를 많이 해서 상당히 의기소침해 있었기 때문에 어떻게든 자신에게 힘을 북돋아주는 수밖에 없었다. 바로 이 말을 떠올리면서 말이다.

'고쳐야 할 점이 있다는 것은 그만큼 발전 가능성이 있다는 뜻이다.'

그렇게 생각하자 일이 여러모로 편해졌다. 못해서 잘못된 것이 아니라 못하는 상태 그대로 있는 것이 잘못된 것이다. 처음으로 저지른 실수는 하나의 공부가 되며, 실수를 통해 많은 것을 배울 수 있다면 그것이 곧 이기는 길이다.

그러면서 두 가지를 결심했다. 하나는 내가 쓴 문장이 아무리 새빨갛게 잔뜩 고쳐지더라도 문장을 끝까지 다시 쓰고 또 써보는 것이다. 다른 하나는 수정된 부분의 의미가 이해가 안 될 때는 모르는 채로 있지 말고 상사나 선배에게 질문하는 것이다.

첨삭 내용을 질문하는 것은 약간 용기가 필요한 일인지도 모른다. 상사나 선배의 성격에 따라서는 건방지다고 여겨질 수 있다. 그러나 상사나 선배의 입장에서는 향상심이 있는 부하나 후배가 기특하게 보인다. 그래야 가르치는 보람도 있다고 생각한다. 나는 이해되지 않는 내용을 질문했다고 해서 부정적으로 평가된 적이 없다. 상사나 선배 모두가 매우 친절하게 답해주었고 오히려 업무에 의욕적이라는 좋은 평가로 이어졌다.

> ☑ 약점을 극복하려면 기죽지 말고 계속 도전하겠다는 자세를 가져야 한다.
> ☑ 고쳐야 할 것이 많다면 그만큼 발전 가능성이 많다는 뜻이다.

34

공부하는 과정
자체가 공부다

정답 없는 세계에서 살아남는 법

출력형 인간은 말하기와 쓰기에 소질이 있다. 회의에서 돋보이는 의견을 제시하고, 재치 있는 답변으로 응수하며, 간결하면서도 이해하기 쉬운 자료를 단시간에 만들어낸다. 프레젠테이션에서도 단연 활약한다. 반면에 입력형 인간은 듣기와 읽기에 적합해서 정보의 내용을 전체상에서 세부적인 것에 이르기까지 차분하게 머릿속에 넣고 기억해두는 유형이다.

공부에서는 입력형 능력이 요구된다. 나는 확실히 입력형 인간이기 때문에 학창 시절에는 그 특성을 잘 활용해왔다. 그러나 사회에 나오면 출력형 인간이 단연 눈에 띈다. 이 점에서는 내가 불리하다고 할 수 있다. 나는 말주변이 없는 편이고 앞에서 말한 것처럼 쓰기에서 고생을 많이 했기 때문이다.

법률가 세계에서는 결론의 타당성이 중요하다. 어떤 사건에 대한 해결의 방향성, 즉 잠정적 결론을 내리는 것과 그 내용이 타당한지 여부가 법률가에게 요구되는 중요한 자질이라고 한다. 나는 결론의 방향성을 정하는 것이 능숙하지 못하다는 지적을 자주 받았으며 스스로도 그렇게 생각했다. 아마도 내가 정답이 없는 세계에 익숙하지 않았기 때문일 것이다.

종이로 보는 시험이라면 채점자가 요구하는 답변은 대개 하나로 정해진다. 몇 가지 다른 해법이 존재할 수는 있어도 문제를 만든 시점에서 정답은 이미 준비되어 있다. 정답이 없는 문제 따위는 있을 수 없다. 그렇기 때문에 수업에 귀를 기울이고 교과서를 읽는 입력 작업을 거듭하면 정답에 도달하는 길은 자연스럽게 보인다.

반대로 이 세상에 일어나는 사건의 정답은 한결같지가 않다. 내가 내린 결론의 방향성이 다른 사람의 상식에서 벗어난다는 식의 애매한 말을 자주 들어왔는데, 공부에서만 우등생이었던 나는 그 충고를 이해하기가 정말 어려웠다.

초고속으로 정보가 파악되는 읽기 공부법의 마력

하지만 역시 나의 공부 노하우가 마지막에 가서는 도움이 되었다. 그것은 가능하면 모든 자료를 포괄해서 훑어보는 작업을 계속 반복하는 것이다. 포괄성을 확보하려면 많은 정보를 빠르게 입력할 수 있는 것, 즉 입력의 속도가 무기가 된다.

사회에 나와서도 방식은 기본적으로 동일하다. '이 사건에서는 이러한 결론을 내렸다', '이 사건에서는 이러한 제안이 당사자에게 받아들여지지 않았고 최종적으로 이러한 결론이 났다'라는 내용을 가능한 많이 총체적으로 보는 것이 중요하다.

그때 입력의 속도가 중요하다. 가능한 많은 사건과 결론을 보려면 하나하나의 사건을 확인하는 데 걸리는 시간이 한정된다. 그렇기 때문에 공부 중 기른 입력 노하우가 빛을 발한다. 나는 입력 속도에 자신이 있었기 때문에 조금 무리를 해서라도 다양한 업무나 사건을 동시에 병행해서 참여했고, 상사나 선배가 결론을 그려가는 모습을 가까이서 보았다. 이렇게 입력 능력이라는 자신의 강점에 관심을 돌리고 그 강점을 적극적으로 활용해서 부족한 출력 능력을 보강했다.

사회에서는 출력형 인간이 눈에 띈다고 설명했는데, 그렇다고 사회가 입력형 인간에게 불리한 구조는 아니다. 출력에 타고난 감이 있는 출력형 인간도 나름대로 훌륭하지만, 어째서 그러한 결론이 났는지를 분석하거나 의식하지 않을 때가 있다. 입력형 인간은 타고난 감이 없는 대신, 공부를 통해 출력 방법을 체득하고 결론에 이르는 근거를 명확하게 설명하며 주위를 납득시킬 수 있다.

그렇게 생각하면 공부는 결코 책상 위에서의 행위에 그치지 않는다. 시험에 합격하는 목표를 달성하는 것도 기쁜 일이지만, 사실은 공부하는 과정에서 자신의 특성이나 장점이 갈고 닦이는 것 역시 커다란 소득이다. 이는 일상 업무에서 생활 방식에 이르기까지 확실한 지침을 내려주는 귀중한 재산이 될 것이다.

- ☑ 적성이 없다고 걱정하기보다 적성이 있는 분야를 찾아서 기르는 편이 낫다.
- ☑ 공부는 나의 강점을 개발하는 길이고 인생의 자산이다.

6장

한 걸음 더 내딛게 하는 공부의 힘

35

자신의 영향력이 커진다는 것

사소한 행동이 엄청난 기회를 가져온다

어렸을 때 목표는 관료였다. 현재 직업은 변호사이다. 방송계와는 전혀 인연이 없던 내가 TV에 나오고 책을 쓰는 일을 하게 되리라고는 솔직히 말해 생각지도 못했다. 마치 일본의 전래동화 〈지푸라기 청년〉과 같은 전개로 지금 이 자리까지 올 수 있었다. 지푸라기 한 가닥만 가지고 있던 청년이 지푸라기를 귤로 교환하고, 귤을 다시 비단 옷감으로 교환하는 식으로 조금씩 재산을 불려가며 결국 부자가 된다는 옛날이야기처럼, 나 역시 작은 사건이 다음 사건을 부르면서 점점 방송계와 인연이 깊어졌다.

처음 계기는 도쿄대를 졸업하고 나서 1년 후 〈도쿄대학신문〉의 인터뷰에 응했던 일이었다. 기사의 주제는 자격시험이었다. 재학 중에 두 개의 국가시험에 도전해서 자격을 취득했던 나는 마침 적당한 인터뷰 대상이었을 것이다.

그로부터 5년 후에 그 기사를 보았다며 어느 주간지에서 연락이 왔다. 듣자 하니 천재 특집을 기획하고 있으니 나와 주지 않겠느냐는 이야기였다. 나는 천재가 아니라고 설명했지만 잡지 측에서는 아무래도 상관없다고 했다. 그래서 이때도 내 안의 호기심에 못 이겨 잡지에 나오게 되었다.

그러자 이번에는 TV 퀴즈 프로그램에서 내가 나온 주간지를 보았다며 출연 의뢰가 들어왔다. 퀴즈에는 자신이 없어서 조금 주저했다. 하지만 이번에도 나는 TV 출연을 선택했다.

어딘가에서 나와달라고 부탁받을 때마다 망설임은 있었지만 그래도 나가는 길을 선택했다. 아마 남들 앞에 나서고 싶었다는 요인도 있었을 것이다. 다만 변호사의 방송 출연이 좋게 받아들여지지 않는 경향이 꽤 있는 데다, 단지 남들 앞에 나서고 싶다는 이유로 방송을 계속하기란 어려운 일이다.

주저하면서도 결국 방송에 나오는 길을 선택한 이유는 왜일까? 처음에는 잘 몰랐던 그 이유가 내 안에서 조금씩 명확해졌다.

지식에는 장벽이 없다

바로 예전부터 품었던 사소한 위화감 때문이었다. 일본 정부 청사의 관료들은 '국민'이라는 표현을 쓰는데, 나는 그 표현이 마음에 들지 않았다. 표현 자체보다도 국민이라고 말할 때 마치 자신은 국민이 아니라고 하는 듯한 관료들의 3인칭 관찰자 같은 시선에 위화감을 느꼈다고 하는 편이 정확할 것이다.

'국민의 이해를 구하는 정책'

'국민에게 설명할 의무'

이러한 말을 들었을 때 이해를 구하고 싶은 사람, 설명하려고 하는 사람 본인은 국민에 포함되지 않는다는 뉘앙스를 느끼는 이는 나뿐일까.

'당신은 국민이 아니라는 말인가요?'

이러한 반발심이 생겨난 것이다.

하지만 내 경험상 (세간의 의견과는 반대로) 일본의 관료들이 결코 나쁜 사람들은 아니다. 오히려 대부분이 존경할 만한 사람들이다. 재무성에서 2년간 관료로서 근무했을 때는 남들에게 설명해도 이해하지 못할 정도로 어려운 일을 하고 있다고 생각한 적이 없고, 하물며 설명하지 못할 부끄러운 일을 하고 있다고 생각한 적도 없다. 오해를 무릅쓰고 개인적인 의견을 말한다면 일본의 관료들은 지극히 성실하게 일하고 있다고 생각한다.

관료들에게 부족한 것은 업무에 대한 열정이나 책임감이 아니라, 정말로 이해를 구하거나 설명하고 싶다는 진정성 있는 마음가짐이 아닌가 싶다. 이해를 구하기 쉽도록 알기 쉽게 설명하는 노하우 역시 관료들은 갖추지 못한 것 같다.

변호사가 된 지금도 크건 작건 비슷한 느낌을 받고 있다. '진입 장벽'이라는 전문 용어가 있다. 하나의 기업이 어떤 업계에 신규로 진입하려고 할 때 맞닥뜨리는 벽을 의미한다. 기존 기업에 절대적인 우위성이 있기 때문에 고객을 획득하거나 자금을 투입할 때 많은 노력이 들어가게 된다.

비즈니스뿐만 아니라 전문가의 세계에도 진입 장벽이 존재한다. 기업 법무에 종사하는 변호사라는 집단에 소속되어 있으면 집단 내부의 사람들은 닫혀 있는 테두리 안에 있다고 느낀다. 전문성이 높은 사람들이 모여 일을 계속하다 보면 전문적인 경험과 지식은 쌓여가는 한편 외부 사람과의 사이에는 괴리감이 생겨난다. 외부 사람에게 악의는 없을지언정 '저 사람은 아마추어니까'라는 분위기를 종종 내비치는 일도 있다.

이러한 자세에서 나는 항상 약간의 위화감을 느꼈다. 나는 관료와 변호사로서 전문가라는 테두리의 폐쇄성을 체감해왔다. 전문가들은 테두리 안에서 자신들이 지금 하고 있는 일을 외부에서 이해하기 쉽게 설명하지도 않고 설명조차 하지 않으려는 것이 현실이다. 나는 처음에 품었던 위화감을 잊고 싶지 않았다. 미력하게나마 나 자신이 지식을 설명하고 이해를 구하는 매개체가 되고 싶었다.

나는 방송에 나오면 나올수록 발언에 영향력이 커지고 메시지를 전달할 기회도 늘어날 것이라고 생각했다. 물론 전문가라는 테두리 안쪽의 노하우 전부를 전해주는 것과는 다르다. 장인의 세계처럼 전문가 세계 역시 도제 제도와 비슷하다. 더부살이를 하면서 스승을 보고 흉내 내는 중에 저절로 터득해야 하는 것도 많다.

나로 인해 누군가가 어떤 분야에 흥미를 갖게 되었거나 목표로 가기 위한 입구를 찾는 데 도움이 되었다면 그만큼 기쁜 일은 없을 것이다. 흥미를 갖게 된 사람은 더욱 깊은 탐구를 시작할 것이며 그것이야말로 진정한 공부라 할 수 있을 것이다.

✅ 아는 것과 모르는 것 사이의 벽을 낮추려는 시도가 이 세상에 필요하다.
✅ 작은 행동들이 연결되어 큰 기회가 만들어진다.

36

작은 목표를 달성해가는
습관을 만들자

수치화된 목표를 달성해가는 재미

공부에 관해서 항상 목표를 설정해오다 보니 이제는 생활 속의 모든 것에 수치화된 목표를 세우고 달성하려는 습관이 생겼다. 일례로 이제 막 시작한 페이스북이 있다. 페이스북을 보면 대략 두 종류의 사용 방법이 있는 것 같다.

우선 사생활 기록용이다. '오늘은 여기서 밥을 먹었다', '아이가 몇 살이 되었다'처럼 등록된 친구의 '현재'를 알 수 있는 페이스북의 게시글은 나도 모르게 미소를 지으며 보고 있다. 한편 페이스북을 일종의 발신 수단으로 활용하는 사람이 있다는 사실을 알았다. 예를 들어 풍경 하나를 퍼오더라도 뭔가 전달하려는 메시지성이 살짝 가미된 게시글은 숱한 타임라인 속에서도 두드러져 보인다.

자기 의견을 강하게 어필할 목적이라면 페이스북은 분명 적절하지 않은 수단이다. 그렇기 때문에 재치 있는 문장 속에서 글쓴이의 중후한 철학이 엿보일 때면 정말이지 감탄스럽다. 그 사람의 페이스북에 자극받은 나도 글을 올릴 때는 가능하면 단순한 기분 표현이 아니라 뭔가 작은 메시지를 가미해보기 위해 '공부'하고 있다.

페이스북은 목표를 수치화할 수 있다는 점이 좋다. 예를 들어 '좋아요'가 클릭되는 횟수를 목표로 삼을 수 있다. 예전에 나는 목표를 수치화하는 것을 그다지 좋아하지 않았다. 이러한 수치화 자체를 걸핏하면 수준 낮은 것이라고 여겼다.

그러나 지금의 나는 다르다. 자기 자신이 남에게 뭔가 전달하고 싶은 것이 있다면, 더욱 많은 사람에게 알리고 싶은 것은 당연한 일이다. '좋아요'의 클릭 수를 하나의 목표로 삼는 것은 전혀 품위 없는 행동이 아니다.

아마도 예전의 나는 남에게 뭔가 메시지를 전달하고 싶은 생각이 그다지 확실하지 않았을 것이다. 명확한 메시지가 없는데도 '좋아요'의 클릭 수를 높이고 싶은 생각이 들면 편향적인 의견이나 선정적인 투고로 빠지게 된다. 그래서 목표의 수치화에 대해 왠지 수준이 낮다는 생각을 했던 것이다.

생각해보면 공부도 그랬다. 이 책에서는 시험 점수에 관해 많이 이야기했다. 나는 공부를 자신이 할 수 있는 것을 어필하기 위한 하나의 수단이라고 명확하게 자리매김시켰다. 반대로 말하면 공부는 수단이지 목적이 아니다. 자기 자신의 본래적인 가치문제와는 하등 관련이 없다. 그렇기 때문에 목표의 수치화에 전혀 저항감을 가지지 않았다.

현실적인 목표를 세우는 것이 기본이다

목표를 수치화할 때는 요령이 있다. 수치는 자신의 과거 최고치보다 약간만 높게 설정해야 한다. 페이스북의 '좋아요'를 가장 많이 받았을 때가 100개였는데 갑자기 1000개를 목표로 삼겠다고 한다면 호언장담에 지나지 않는다. 이때는 105개를 목표로 하는 편이 훨씬 낫다. 노력하면 이룰 수 있는 숫자로 설정하는 것이 요령이다.

예전에 이러한 요령을 알지 못하고 실패한 적이 있다. 다이어트를 결심하고 1주일 동안 5kg을 빼겠다는 무모한 목표를 세웠다. 1년 동안 8kg이나 늘어나서 온몸이 탱탱 부어 있을 때가 있었다. 요즘 만나는 친구가 당시의 학급 앨범을 보면 나를 찾아내지 못할 정도였다.

체중의 최고치를 계속 갱신하던 나는 초조한 나머지 1주일 동안 5kg을 빼겠다고 가족에게 공언했다. 무모한 목표 설정에 가족은 나를 말려보려고 하지도 않고 실소했다. 당연한 이야기지만 결과는 어이없는 참패였다.

이때 나는 딱히 분하지는 않았다. 무모한 목표를 세운 순간부터 그 목표는 무리라고 여기는 또 하나의 자아가 이미 존재했던 것이다. 무모한 목표를 세운다는 것은 다시 말하면 깨기 위한 목표를 세우는 것이다. 현실감 없는 목표에 동기부여가 발동되지 않는다는 사실을 일깨워준 경험이었다.

참고로 요즘은 원칙적으로 매일 체중계에 오르는 것이 습관이다. 원칙적이라고 한 이유는 외식 다음 날에는 체중계에 오르지 않아도 된다는 규칙이 있기 때문이다. 중국 요리 같은 거창한 식사가 다음 날 체중에 반영되어 침울해질 것은 뻔한 일이다. '규칙에는 빠져나갈 구멍을 만들어놓자'의 사례라고도 할 수 있겠다.

느슨한 방법이지만 1주일 동안 5kg을 빼겠다는 목표보다는 훨씬 효과적이라는 것이 내 경험상 얻은 결론이다. 깨기 위한 목표를 세우기보다 노력하면 달성할 수 있는 목표를 세우는 편이 유익하다.

- ☑ 공부뿐만 아니라 생활 속 모든 것에 향상의 씨앗이 있다.
- ☑ 공부는 자신의 본래적인 가치와는 관련이 없는, 목표를 위한 수단이다.

37
혼이 담긴 공부는 배신하지 않는다

과거 지식에 얽매이지 않는다

　TV 퀴즈 프로그램에 출연하면서 나는 결코 우수한 정답자가 아니라는 사실을 깨달았다. 처음에는 그것이 신경 쓰여서 녹화 시작 전에 예습을 시도해본 적이 있는데, 학창 시절과 달리 충분한 시간을 낼 수 없어서 힘들었다. 더구나 내가 전달하고 싶은 것인지를 생각해보면 어쩐지 퀴즈는 본분이 아닌 듯한 기분이 들었다. 의욕도 별로 생기지 않아서 결국 착실하게 퀴즈를 공부하는 것은 단념했다.

그럭저럭 넘어가고 있는 사이에 심경에도 변화가 찾아왔다. '이런 것에 전혀 신경 쓸 필요가 없다'라고 느끼게 된 것이다. 말하자면 내가 전하고 싶은 것이 조금씩 명확해짐에 따라 그것과 관계없는 가치를 필사적으로 추구할 필요는 없다는 생각이 들었다.

회의에서 의미 있는 발표하기, 친구와의 인생 상담에서 가치 있는 조언하기, 애인에게 센스 있게 말하기와 같은 것들 전부를 원할 필요는 없고 절대 전부를 이룰 수도 없다. 하나하나 부족해지기보다는 과녁을 명확하게 정해두고 거기에 집중해서 공부하는 편이 좋다.

그래서 기본적으로는 퀴즈의 정답에 신경 쓰지 않게 되었고 그 분야에서 의미 있는 대답을 하려는 마음도 사라졌다. 그렇지만 학창 시절에 배웠던 지식이 생각보다 많이 빠져나갔다는 사실에는 조금 서글픔을 느꼈다.

기껏 공부한 내용이 애매한 기억으로밖에 남아 있지 않다면 역시 아쉬운 기분이 든다. 현재 업무를 하고 있는 법률 분야에서조차 지식이 애매해지는 부분이 있다. 예를 들어 사법시험 때 그토록 열심히 공부했던 헌법이 그렇다.

기업 법무 전문 변호사를 하고 있다 보니 사실 헌법 소송에 관련될 기회는 거의 없다. 그러한 환경 속에서 선명했던 헌법에 대한 기억은 점차 색이 바랜다. 그러나 이 또한 아쉽다고 여길 필요는 없다고 생각하게 되었다.

잊어버린다는 것은 현재 자신이 주력하고 있는 분야와 관계가 없다는 뜻이다. 자신이 주력하는 분야의 지식이 늘어간다면 그렇지 않은 분야의 지식이 빠져나가는 것은 오히려 자연스러운 현상이다.

필요한 지식은 공부해서 머릿속에 넣는다. 필요 없어지면 빠져 나가게 내버려둔다. 과거 지식을 유지하는 데 그렇게까지 얽매일 필요는 없다. 그보다는 자신이 주력하는 분야에서 점점 새로운 지식을 공부하는 것이야말로 두뇌를 가장 효율적으로 사용하는 방법으로 이어진다.

모르는 것 따위 두렵지 않은 마음가짐

필요한 지식은 공부해서 머릿속에 넣는다고 설명했는데, 평소 생활 속에서 '필요'를 얼마나 의식하는지도 중요한 포인트이다. 바꿔 말하면 '지적 호기심을 얼마나 지녀야 하는가?'라는 점이다. 이것은 결코 거창한 일이 아니다.

예를 들어 신문을 읽다가 '일본에서 최근 이슈가 된 NISA는 뭐지?'라고 생각했다고 치자. 여기서 '어려울 것 같다'라면서 멈추는 태도는 너무나 아쉽다. 모처럼 의문을 품었다면 뭔가 지식을 얻고 가야 한다. 그때는 가볍게 인터넷으로 간단한 의미를 검색해보자.

NISA가 '일본에서 주식이나 투자신탁 등 100만 엔 이하의 소액 투자로 벌어들인 돈에는 세금이 부과되지 않는 제도'라는 것을 알았다면 이러한 생각이 들 것이다.

'뭐야! 그렇게 어려운 뜻은 아니었네?'

사소한 작업을 통해 '알아가기'에 몸을 익숙하게 만든다면 커다란 효과를 얻을 수 있다. 바로 불안감이 없어진다는 점이다. 모를 때는 두려웠지만 알고 보니 '뭐야, 그렇게 어렵지 않잖아?'라고 생각하는 일이 많아진다. 그렇게 되면 다른 모르는 것이 나와도 주눅 드는 일이 없다.

모르는 것은 전혀 두렵지 않다. 우리들은 '모름과 앎' 사이의 벽을 넘는 수단, 즉 배우는 방법을 알고 있기 때문이다. 공부는 대단한 것이든 하찮은 것이든 우리들에게 앞으로 나아가는 힘을 부여해준다.

'현재의 나'를 인식하면서 새로운 지식을 얻은 '내일의 나'를 확실히 정해둔다. 현재의 나를 내일의 나로서 앞으로 나아가게 해주는 힘이야말로 공부가 지닌 본질적인 힘이다.

- ☑ 공부하는 방법을 알고 있다면 모르는 것은 전혀 두렵지 않다.
- ☑ 공부는 '현재의 나'를 '내일의 나'로 이어주는 과정이자 힘이다.